Raus aus der Abseitsfalle

Das Fußballbuch für Frauen
Damit Sie endlich mitreden können!

Gaby Papenburg
Annette Pilawa

Raus aus der Abseitsfalle

Das Fußballbuch für Frauen
Damit Sie endlich mitreden können!

Mit einem Vorwort von Jörg Pilawa

vgs EGMONT

Die Tipps und Informationen in diesem Buch sind von Autorinnen und Verlag nach bestem Wissen und Gewissen sorgfältig erwogen und geprüft. Autorinnen und Verlag übernehmen jedoch keine Haftung für etwaige Schäden, die sich aus Gebrauch oder Missbrauch der in diesem Buch aufgeführten Informationen ergeben.

Bibliografische Information Der Deutschen Bibliothek
Die Deutsche Bibliothek verzeichnet diese Publikation in der Deutschen Nationalbibliografie; detaillierte bibliografische Daten sind im Internet über http://dnb.ddb.de abrufbar.

Fotos: S. 7: Annette Pilawa; S. 69–73, S. 87–100: Witters Sport-Presse-Fotos
Illustrationen: Horst Klein (www.kreativfeld.de)

Redaktion: Alexandra Panz
Lektorat: Jutta Wallrafen
Produktion: Susanne Beeh
Umschlagfotos:
Vorne: Photonica/Getty Images; Fußball: Laura Ronchi/Getty Images.
Hinten: christine blohmann/hoffotografen.de
Umschlaggestaltung: Metzgerei Strzelecki, Grafik & Illustrationen
Satz: Hans Winkens, Wegberg
Printed in Germany

ISBN 3-8025-1675-3
(ab dem 01.01.2007: ISBN 978-3-8025-1675-7)
www.vgs.de

Inhalt

Vorwort

Meine Damen, lassen Sie uns gleich mal zwei Dinge klarstellen: Es gibt zwei Geschlechter, eines ist rücksichtsvoll, das andere weiblich. Wir Männer unterscheiden nämlich zwischen Dingen, die wir uns denken, und Dingen, die wir aussprechen. Nehmen wir mal zwei eurer Lieblingsfernsehserien. Bei »Desperate Housewives« fahren wir zum Beispiel eher auf die scharfe Edie ab als auf die grundsympathische Susan. Schrecklich, oder? Aber für uns gibt es Schlimmeres, als das willfährige Opfer von oberflächlichen Reizen zu sein. Oder »Sex and the City«. Ist zwar vorbei, aber aus tausenden eurer Handys erklingt nach wie vor die Titelmelodie. Und warum? Weil die so Angerufenen insgeheim gerne Carrie Bradshaw wären! Unverständlicherweise. Diese Frau verhält sich nämlich vollkommen idiotisch. Nein, attraktiv finden wir diese neurotische Nervensäge auch nicht. Uns gefällt Charlotte viel besser, die eurer Meinung nach indiskutabel langweilig ist. So weit, so ehrlich. Das ist die Lage der Dinge, aber wie gesagt, wir können schweigen.

Apropos: Wann habt ihr eigentlich das letzte Mal beim Fernsehen geschwiegen? Zum Beispiel beim Fußball-Confederations-Cup? Oder bei der Europameisterschaft? Nicht dass wir euch beim Fußballgucken den Mund verbieten wollen. Aber nur weil die Gedanken frei sind, muss man sie ja nicht gleich ungefiltert zum Besten geben. Ihr empfindet zum Beispiel Figo als Testosteron auf zwei Beinen. Sei euch unbenommen. Aber so was sagt man nicht laut, während er gerade unsere Abwehr zerlegt. Außerdem ist ein Freistoß kein Elfmeter und die Viererkette kein Halsschmuck. Die schöneren Trikots der Argentinier sind für uns auch kein hinreichender Grund, um nicht für Deutschland zu sein.

Was ich sagen will: Die Grundfrage der Menschheit, nämlich: »Lieber reden oder schweigen?«, gewinnt für uns Männer immer dann an Brisanz, wenn es um das Thema Fußball geht. Eine der Hauptursachen, warum sich eine unüberwindbare Kluft zwischen den Geschlechtern auftut, ist das unterschiedliche Verhältnis zur schönsten aller Sportarten.

Glücklicherweise gibt es aber auch Ausnahmen. Meine Schwester zum Beispiel. Samstagabend, 18.00 Uhr, Sportschau – das war für Annette schon im Sesamstraßenalter eine heilige Zeit. Auch ein paar Jahre später hätte sie sich eher von ihren ersten Liebschaften getrennt, als die Bundesliga zu verpassen. Und das, obwohl sie selbstverständlich schon alle Ergebnisse aus der nachmittäglichen Radiokonferenzschaltung kannte. Sehr zum Ärger meines Vaters ließ sie es sich mitunter auch nicht nehmen, die Resultate schon während der Sportschauberichte lautstark rauszuposaunen.

Während wir Samstag für Samstag mit dem HSV fieberten, saß irgendwo im Ruhrgebiet Gaby Papenburg und drückte ihre zarten weiblichen Däumchen für Borussia Mönchengladbach. Beide Vereine lassen sich am besten mit einer älteren Schlagerdiva vergleichen. Ihre ganz große Zeit lag eindeutig in den 70er Jahren, doch hin und wieder gelingt dann doch noch der ein oder andere Überraschungshit. Allerdings spielen beide Clubs, während ich diese Zeilen schreibe, wieder eine äußerst erfreuliche Saison. Fantreue wird manchmal eben doch belohnt.

Die Samstagabende mit der fachkundigen Moderation von Ernst Huberty, Hans-Joachim Rauschenbach oder Dieter Schwarze haben Gaby Papenburg und meine Schwester schließlich dazu bewegt, eine sportjournalistische Karriere einzuschlagen. Als erste

Frau in der deutschen Fernsehgeschichte moderierte Gaby Papenburg mit »ran« eine reine Fußballsendung. Annette fungierte dort als Chefin vom Dienst.

Kurzum: Weiblicher Charme und Fußballkompetenz paaren sich bei den beiden Autorinnen dieses Buches in einer Art und Weise, dass jeder Mann darüber am liebsten Tränen der Rührung vergießen möchte.

Doch auch ihr, liebe Leserinnen, habt Macht und Mittel, solch starke Gefühle auszulösen. Denn ihr habt dieses Buch gekauft. Ein erster mutiger Schritt in Richtung Fußballverständnis, wenn nicht sogar -begeisterung! Dafür sind wir Männer euch was schuldig. Vielleicht Helen Fielding oder Ildiko von Kürthy lesen, einen ganzen Samstag lang Schuhe kaufen gehen oder uns Argumente anhören, warum Carrie Bradshaw liebens- und bewundernswert ist. Auf jeden Fall werden wir auch in Zukunft bei euren Lieblingsserien schweigen. *Wir* schon. Versprochen!

Jörg Pilawa

Einleitung

STÖRFEUER

> »Ja, es ist wahr!
> Ich liebe den Fußball mehr als meine Frau!«
>
> Giovanni Trapattoni,
> italienischer Startrainer im Juli 2005

Ein Mann spricht aus, was der Großteil seiner Geschlechtsgenossen denkt, aber niemals öffentlich eingestehen würde.

Frauen und Fußball – eine ewig währende Feindschaft, ein Missverständnis, ein Antagonismus. Vor allem für Männer. Denn immer wieder sollen, ja müssen sie sich entscheiden – zwischen ihrer Liebe und einer großen Leidenschaft.

Wie viele Beziehungen sind schon zerbrochen, weil Mann trotz aller Treueschwüre und Liebesbekundungen nicht vom runden Leder lassen kann? Wie sollte er auch, schließlich begleitet der Ball die meisten Männer seit ihrer frühesten Kindheit. Frau kommt also schon biographisch gesehen immer zu spät.

Und sie versteht nicht! Will einfach nicht begreifen, was an diesem Sport, bei dem 22 meist gestandene Kerle hinter einem Ball herrennen, so Besonderes sein soll. Spürt nichts von dieser Faszination, der Geschwindigkeit, der Komplexität und dem Kampf Mann gegen Mann, bei dem es gefühlsmäßig immer um Leben und Tod geht – und doch am Ende nur um das eine Tor mehr. Aber genau das entscheidet eben über Helden oder tragische Verlierer.

Frauen können das eigentlich auch gar nicht verstehen. Denn es gibt nichts Vergleichbares, was sie – egal, welcher gesellschaftlichen

Herkunft – im Kollektiv genauso eint wie Männer der Fußball. Die Liebe zu Kindern, Eigenheimen, Schuhen oder dem lang ersehnten flotten Cabrio entspricht nur ansatzweise den Glücksmomenten, die Männer empfinden, wenn ihr Team Meister geworden ist: »Wir sind Meister!« Wenn man den Klischees glauben darf, sind wir Frauen dagegen Mütter, Desperate Housewives, Manolo-Blahnik-Fans oder Heldinnen der Buntwäsche! Aber all das wird niemals dasselbe feuchte Glitzern in den Augen und diese trunkene Seligkeit hervorrufen wie bei ihm der Anblick der grottenhässlichen Meisterschale (auch »Salatschüssel« genannt) in der Vitrine seines Lieblingsclubs.

Frauen lieben singulär, Männer am liebsten in Gruppen. Gerade zu Großereignissen wie Europa- oder Weltmeisterschaften rotten sie sich zusammen und schauen gemeinsam. Als Fußballfans verstehen sie einander blind, sprechen dieselbe Sprache, lachen oder schimpfen zum gleichen Zeitpunkt. Und ob nun »Hardcore-Fan«, »Mitschnacker« oder »Softie«, jeder Mann beherrscht die Regeln, die so ein Fernsehabend mit sich bringt.

Frauen bleiben da meistens außen vor. Entweder sie nehmen gar nicht erst teil, oder sie sitzen stumm daneben. Geduldet, wenn »höflich, gut aussehend, sexy, Bier holend, schweigsam, besser noch taubstumm, dem Fachmann huldigend«.

Das glauben Sie nicht? Dies sind die Ergebnisse einer, zugegeben nicht repräsentativen, Umfrage der Autorinnen zum Thema Frauen als »Fußballkumpel«. Keiner der von uns befragten Männer betrachtet seine Frau oder Freundin ernsthaft als gleichberechtigten Gesprächspartner, wenn es um Fußball als TV-Erlebnis geht. Über Nachrichten, Infomagazine oder Talkshows lässt sich reden oder auch vortrefflich streiten, beim Fußball jedoch herrscht nur eine Meinung – und das ist seine!

Sie können das akzeptieren und wie einige Generationen vor Ihnen stillschweigend ertragen. Sie können Ihren Liebsten auch in dem Glauben lassen, dass Sie Fußball doof finden und ihn für einen spätpubertären Lederjunkie halten.

Sie können es aber auch machen wie Paola Trapattoni, Gattin jenes eingangs erwähnten italienischen Meistertrainers. Die Frau ist viel zu klug, als dass sie sich von der kickenden Konkurrenz beeinträchtigen ließe. Statt ihm beleidigt das Leben schwer und allenfalls sein Konto leicht zu machen, hält sie dagegen. Sie erklärt sich solidarisch mit ihrem Mann und zieht aus dem sonnigen Italien ins beschauliche Stuttgart (ohne ein Wort Deutsch zu sprechen). So kann sie jeden Abend mit ihrem Liebsten Händchen halten, wenn er mal wieder von der Presse durch den Kakao gezogen wird.

Mitfühlen, mitdenken, mitreden!

Das können Sie auch! Wir helfen Ihnen dabei. Denn nach über zehn Jahren harter, aber auch spannender und lustiger Arbeit mit Fußball und Fußballverrückten sind wir fit in Sachen Regeln, Technik und Taktik. Und wir beherrschen den Sprachcode, mit dem sich Kicker und Freunde dieses Spiels scheinbar mühelos verständigen.

Unser kleines und verständliches Nachschlagewerk erklärt Ihnen alles, was Sie wissen müssen, um bei dem ultimativen Sportereignis der nächsten Wochen, der Fußball-WM 2006, entspannt mithalten zu können.

Keine Angst: Niemand will aus Ihnen einen zweiten Beckmann, Kerner oder Delling machen! Aber wenn es Ihnen gelingt, ein wenig sachkundig mitzureden und hier und da den passenden Spruch fallen zu lassen, wird das Ihren Partner und seine Kumpel garantiert beeindrucken. Und schon sind Sie nicht mehr nur für das Bier und die Häppchen zuständig, nein, Sie gehören dazu! Ihre Beliebtheit wächst, denn Ihr Wissen macht Sie nicht nur frei, sondern absolut fußball- und fernsehtauglich.

Sie werden sehen, es macht viel Spaß, diese neue Welt zu entdecken. Lassen Sie sich führen durch das Dickicht der Spielregeln und verführen von den komischen und kuriosen Begriffen und Geschichten, die nur der Fußball schreibt.

Ihre

Gaby Papenburg *Annette Pilawa*

Never say …

Die Kardinalfehler beim gemeinsamen TV-Genuss

Das Gefühl ist Ihnen sicherlich bekannt: Sie sind durchaus am Fußball interessiert und guten Willens, diesen Bereich seines Lebens mit ihm zu teilen. Aber schon der Versuch, den Mund aufzumachen und eine harmlose, aber interessierte Bemerkung beizusteuern, wird von Ihrem Göttergatten bestenfalls mit einem verächtlichen Achselzucken quittiert. Und das erst recht, wenn einige seiner ältesten Freunde sich derweil gemütlich und erwartungsfroh auf Ihrem Sofa fläzen.

Es kommt also darauf an, sich bei ihm und seinen Freunden als Gleichgesinnte, als Fußballfan, bemerkbar zu machen und möglichst gleich das Richtige zu sagen.

Doch wie stellt man das eigentlich an? Was ist das Richtige?

Nähern wir uns der Sache mit dem Ausschlussverfahren. Im Folgenden also ein paar Beispiele, die die Kluft zwischen Ihnen und Ihrem Liebsten definitiv vergrößern.

Nehmen wir einen Abend irgendwann zwischen dem 9. Juni und dem 9. Juli 2006, irgendwo zwischen Flensburg und Bad Tölz (Sie wissen doch sicherlich, welches Großereignis Ihnen dann ins Haus steht? Falls nicht, wurde es aber höchste Zeit, dass Ihnen dieses Buch in die Hände fällt!). Ihr Mann hat den Kühlschrank in eine Getränkehalle verwandelt, die Bude ist voll mit seinen Freunden, alle gut gelaunt und in freudiger Erwartung. Der neue Breitbandfernseher liefert gestochen scharfe Bilder von Männern in unterschiedlichen Trikots, die auf dem Rasen Aufstellung nehmen. Alles ist bereit für einen großen Fußballabend mit der deutschen Nationalmannschaft. Da kommen Sie um die Ecke, mit Schüsseln und Tellern voller Leckereien, mühevoll zubereitet.

Das Essen ist fertig!
Lieb gemeint, aber total daneben, denn keiner will beim Anpfiff in eine Boulette beißen. Der Adrenalinspiegel ist viel zu hoch, alle sind vom Nervenkitzel der kommenden 90 Minuten infiziert. Warten Sie mit der Beköstigung lieber bis zur Halbzeitpause.

War der Hund schon draußen?
Diese Frage führt bereits unter normalen Umständen gelegentlich zu Meinungsverschiedenheiten, während der nächsten eineinhalb Stunden herrscht jedoch Ausnahmezustand, und da ist sie garantiert fehl am Platz. Unter Umständen führt sie sogar zu Bluthochdruck und mörderischen Absichten bei dem Mann, der Sie eigentlich liebt.

Übrigens – deine Mutter hat angerufen!
Auch wenn Mama grundsätzlich das Beste für ihren Jungen will – jetzt und hier ist sie die letzte Person, von der er etwas wissen will. Auch der geliebte Sonntagsbraten oder die besten Spätzle der Welt sind ihm momentan s•••••egal.

Okay, Sie haben diese Klippen erfolgreich umschifft und sitzen sogar gemütlich mit vor dem Fernseher. Aber jetzt:

Wer sind denn unsere?

Auch wenn man diese Frage als durchaus berechtigt einstufen kann, stellen Sie sie nicht! Die deutschen Nationalspieler spielen traditionell in weißen Trikots, seitlich abgesetzt mit einem schwarz-rot-goldenen Streifen. Die Hosen sind schwarz. Die zweite Garnitur ist übrigens komplett rot, wird aber nur angezogen, wenn Deutschland Gastmannschaft ist und der Gegner in ähnlichem Outfit spielt.

Wenn Sie die Mannschaft nicht auf Anhieb erkennen, empfiehlt es sich, den Mund zu halten und interessiert dem Fernsehkommentator zuzuhören, bis das Rätsel für Sie gelöst ist.

Der Ballack ist echt süß!

Dieser Spruch geht überhaupt nicht! Da wird Ihr Freund oder Mann Sie gleich in der Luft zerreißen – aus zweierlei Gründen: Erstens kann ein durchschnittlicher Fußballfan kaum den Vergleich mit einem so durchtrainierten Modellathleten wie Michael Ballack ernsthaft bestehen. Und dann wollen sie ihn kämpfen, rennen, schwitzen, beißen und Dreck fressen sehen – »süß« trifft es also nicht so recht!

Ist Olli Kahn immer noch mit dieser Discomaus zusammen?

Das ist er vielleicht, aber welchen eingefleischten Fußballfan interessiert das ausgerechnet jetzt? Fragen nach der privaten Situation oder dem Gehalt der Spieler haben ihre Berechtigung, aber alles zu seiner Zeit. Verschieben Sie sie auf später, wenn Sie Oliver Kahn nach dem Spiel im Interview sehen. Ab dem Singen der Nationalhymne sind nur Fragen zu seinen unglaublichen Reflexen auf der Linie oder Ähnliches erlaubt.

Wieso ist der schwarz?

Oh, oh – Gerald Asamoah ist deutscher Staatsbürger und stürmt schon seit sechs Jahren beim Bundesligisten Schalke 04. Auch Patrick Owomoyela ist Deutscher, er spielt in der Abwehr und verdient momentan sein Geld bei Werder Bremen (siehe auch »Die WM als ultimatives Ereignis« Seite 93 und 100).

Ist doch nur ein Spiel!

Ha, von wegen! Hier geht es nicht nur um Leben und Tod, hier geht es um mehr! Und überhaupt und in erster Linie ist es eine Frage der Ehre. Mag David Beckham auch der bestaussehende Kicker unter der Sonne sein – er ist und bleibt Engländer! Und die sind neben den Holländern unsere Erzfeinde! Also konzentrieren Sie sich lieber auf die Poldis und Schweinis – denn in Ihrem Wohnzimmer spricht Mann Deutsch!

Denen würde ich auch mal ein Tor gönnen!

Never! Mitleid ist im Fußball ein Fremdwort. Auch wenn in Argentinien, Mexiko und Brasilien das Bruttosozialprodukt am Boden liegt und die Kinder barfuß auf der Straße kicken – kein Erbarmen! Denn im Fußball machen sie uns oft genug platt.

Wie lange noch?

Erst kieken – dann quieken. Die Zeit wird in jeder Übertragung oben rechts eingeblendet. Informieren Sie sich lieber stillschweigend, bevor Sie allzu deutlich zeigen, dass Sie gelangweilt sind. Denn diese 90 Minuten sind die wichtigsten anderthalb Stunden des Tages. Und gegen Langeweile haben wir was … Lesen Sie doch einfach weiter und reden Sie mit!

Never do ...

Die Kardinalfehler beim Besuch eines Fußballstadions

Sollten Sie tatsächlich mal in den Genuss kommen (jawohl, es ist ein Genuss!), ein Bundesliga- oder gar WM-Spiel live mitzuerleben, denken Sie bitte an Folgendes: Das Stadion ist ein heiliger Schrein, die Mannschaft, für die Ihr Partner fiebert, gehört praktisch zur Familie, und Sie jubeln oder leiden selbstverständlich mit.

Machen Sie es nicht wie die Freundin eines von uns sehr geschätzten Kollegen, der seine Angebetete mit zum Revierklassiker Dortmund gegen Schalke nahm. 60 000 besessene Fans machten das Westfalenstadion zu einem Hexenkessel, fieberten dem Anpfiff entgegen. Da rief die Freundin laut: »289!« Der Kollege, etwas verwirrt in dem Glauben, er habe etwas Wichtiges verpasst, blickte zur Anzeigetafel. Nichts. »Nein, Schatz!«, war ihre Antwort. »Nicht die Anzeigetafel, der Flutlichtmast hat 289 Glühbirnen.«

Und noch eine wahre Begebenheit: Ein bekannter Fernsehmoderator und bekennender HSV-Fan (Hamburger Sportverein also) nimmt seine Frau mit zu einem Europapokalspiel gegen Juventus Turin. Super Plätze auf der Ehrentribüne, die Gute schaut sich neugierig um. Während die Hamburger sich gerade heftig vor dem Tor der Italiener abmühen, zupft sie ihn aufgeregt am Ärmel: »Guck mal da drüben, was für eine coole Jacke!«

Was Sie bei einem Besuch im Stadion außerdem unbedingt vermeiden sollten:

Handygespräche mit der besten Freundin.

Hunger- und Durstattacken. Nur in der Halbzeit oder nach dem Spiel.

Toilettenbesuche. Das Damenklo ist meistens ewig weit entfernt, Sie verpassen den Anpfiff.

Jubelarien nach jedem Tor. Vergewissern Sie sich bitte, *welche* Mannschaft getroffen hat.

»Heulst du etwa?« Nehmen Sie seine Trauer nach einer Niederlage ernst.

Was zu einem erfolgreichen Stadionbesuch hingegen dazugehört:

Fluchen. »Schiri, du Sau« klingt ordinär und muss Ihnen nicht über die Lippen kommen. Aber ein »Schiri, du Blindfisch« ist durchaus erlaubt.

Mitsingen. Wenn Sie den Text der Fanhymne seiner Mannschaft kennen, sind Sie ganz weit vorne.

Skandieren. Wenn der Stadionsprecher die Namen der Spieler vorliest, rufen sie laut mit. Beim Gegner heißt es nach dem Namen oft »na und!« (oder Schlimmeres).

Sich bilden. Lesen Sie beim Frühstück unbedingt die Schlagzeilen im Sportteil der Bild (wir wollen hier keine Schleichwerbung betreiben, aber die Jungs aus der Sportredaktion wissen oft mehr als der Trainer) und informieren Sie sich in der Stadionzeitung.

Praktische Kleidung. Verzichten Sie auf modische Extravaganzen, Sie werden entweder nass oder frieren. Wir empfehlen Jeans, warme Schuhe, wasserdichte Jacke, Schal (muss kein Fanschal sein, irgendwo ist ja mal Schluss mit den Zugeständnissen).

Keine Extratouren. Bleiben Sie in seiner Nähe. Wenn Sie sich verlaufen, befindet er sich in einem Gewissenskonflikt – Sie oder der Fußball. Und da könnten Sie verlieren …

Basics

Starten wir also mit unserem kleinen Kurs »Fußball für alle«.

Wie bei den meisten Herausforderungen des täglichen Lebens (Führerschein, Bedienungsanleitung für die neue Waschmaschine, Fortbildung am PC oder die Zubereitung eines ökologisch einwandfreien Babybreis …) geht nichts ohne graue Theorie. Deshalb kommen Sie um das folgende Kapitel nicht herum, auch wenn es Ihnen auf den ersten Blick vielleicht ein wenig trocken erscheinen mag. Doch Fußball ist nun mal ein komplexes Spiel mit unendlich vielen Variationsmöglichkeiten. (Dieser Satz, lässig hervorgebracht, macht sich übrigens hervorragend in Diskussionen über Sinn und Unsinn des Sports!) Und genau hier liegt Ihre Chance zum Mitreden. Oder glauben Sie ernsthaft, dass jeder männliche Fußballfan alle technischen und taktischen Finessen beherrscht? Ganz bestimmt nicht, auch wenn er garantiert gerne diesen Eindruck vermittelt.

Überraschen Sie ihn mit Basiswissen aus den vier großen Bereichen: Regeln, Athletik, Technik und Taktik.

REGELN UND BEGRIFFE

Kein Spiel ohne Regeln. Und auch der Fußball hat natürlich seine Vorgaben, aber sie sind kein Buch mit sieben Siegeln, wie Ihnen Ihr Mann vielleicht gerne weismachen möchte. Die wichtigsten Regeln und Begriffe liefern wir Ihnen hier.

Grundsätzlich gilt aber: Sie müssen nicht alle kennen, und keiner verlangt von Ihnen, dass Sie alles auswendig lernen. Schließlich wollen Sie sich ja nicht zum Schieds- oder Linienrichter (siehe auch »Personal« Seite 24 f.) ausbilden lassen.

Viel entscheidender ist es, genau zu wissen, wo man nachschauen kann, nämlich hier.

Die Zeit

90 Minuten (regulär) + 2 x 15 Minuten Verlängerung + Elfmeterschießen (wenn bei Entscheidungsspielen, wie WM-Halbfinale oder -finale, nach Ablauf der Spielzeit kein Sieger feststeht).

Der Platz

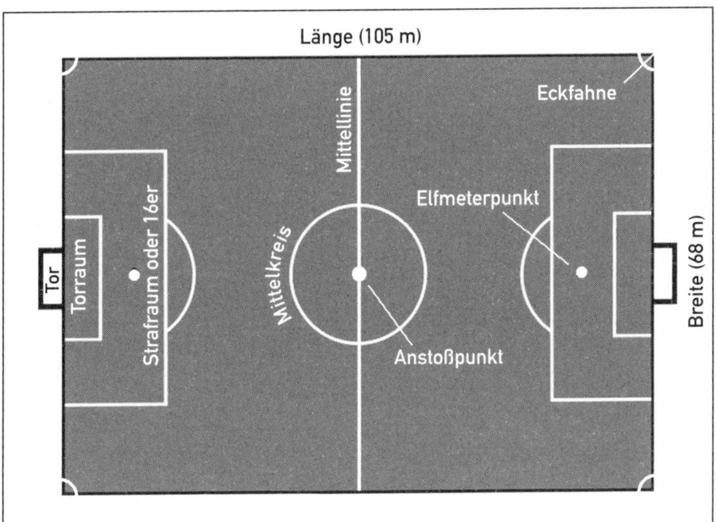

Das Personal

Torwart: Olli Kahn und Co. Der Mann zwischen den Pfosten, trägt Handschuhe, ist ein Sonderfall, darf und kann den Ball mit der Hand fangen und spielen, aber nur im Strafraum (siehe »Der Platz«). Er darf sich selbstverständlich auch außerhalb des

Strafraums bewegen, dann aber muss er wie seine Kollegen den Ball mit dem Fuß oder Kopf spielen.

Abwehr: Wie der Name schon sagt, diese Jungs wehren Tore ab. Mindestens drei Spieler bilden einen Riegel (siehe »Taktik« Seite 41 f.).

Mittelfeld: Herzstück jeder Mannschaft. Hier wird das Spiel gemacht. Mittelfeldspieler unterstützen sowohl die Abwehr (defensiv) als auch den Angriff (offensiv).

Angriff: Hat nur einen Auftrag: Tore schießen.

Spielmacher: Wichtigster Mann auf dem Platz, der Dirigent; bei der deutschen Nationalelf ist es Michael Ballack.

Stürmer/Torjäger: Spielt im Angriff, wird an seinen Toren gemessen.

Kapitän: Sprachrohr der Mannschaft und verlängerter Arm des Trainers. Vergleichbar mit Elternvertretern, Betriebsräten oder dem Abgeordneten Ihres Wahlkreises.

Linksaußen/Rechtsaußen: Hat nichts mit Politik zu tun. Spieler, die von der linken oder rechten Seite kommen, müssen viel laufen und haben meistens einen Knall (beliebter Spruch unter Fußballern – absolut zitierfähig).

Libero: Aussterbende Gattung; bekanntester Libero war Franz Beckenbauer, letzter Mann hinter der Abwehr. Heute wird mit einem moderneren System gespielt (siehe »Taktik« Seite 41 f.).

Einwechselspieler: Elf Mann dürfen spielen, von ihnen können bis zu drei ausgewechselt werden; darauf hoffen die Ersatzspieler.

Trainer: Eigentlich Übungsleiter mit gültiger Lizenz (ein richtiger Beruf mit Ausbildung), stellt die Mannschaft auf und taktisch auf den Gegner ein. Heute fast immer ein Star, gut gekleidet, eloquent und medienpräsent. Bekommt wegen Arbeitsüberlastung einen oder mehrere Assistenten zur Seite gestellt, die so genannten **Co-Trainer**. Manchmal wird der Trainer auch **Teamchef** genannt, nämlich immer dann, wenn er keine gültige Trainerlizenz hat. Geht auf Franz Beckenbauer zurück.

Schiedsrichter: Auch Schiri oder Unparteiischer genannt, leitet das Spiel, schlichtet Streitereien. Nach seiner Pfeife tanzen 22 Männer, er bändigt sie mit gelben und roten Karten.

Schiedsrichterassistent: Früher als Linienrichter bezeichnet, wacht am Spielfeldrand, zeigt durch Fähnchenschwingen Abseits, Foul, Auswechslung oder Ball im Aus an.

Wichtig für die WM: Das Schiedsrichtergespann darf nie aus dem gleichen Land kommen wie eine der spielenden Mannschaften. Und auch nicht aus dem Land der Gruppengegner. Neu ist der so genannte **vierte Mann** am Spielfeldrand. Er zeigt zum Beispiel die verbleibende Spielzeit an, überwacht die Auswechslungen und schickt die Trainer zurück in ihre Coaching-Zonen, wenn sie Rumpelstilzchen spielen.

Amtssprache ist Englisch. Nicht zu vergessen: Hände, Füße und Karten.

FACHJARGON oder WAS IST WAS?

Abseits

Ist das ultimative Streitthema. Wenn Sie es sich leicht machen wollen, versuchen Sie es mit: »Abseits ist, wenn der Schiedsrichter pfeift!« – gilt immer und überall.

Abseits wurde oft erklärt und selten verstanden. Warum? Es ist ein räumliches Problem, und damit haben Frauen ja gerüchteweise so ihre Schwierigkeiten. Deshalb hier eine ganz und gar praktische Version aus Ihrem Wohnzimmer: Das Spiel läuft. Ihr Mann (Gegenspieler) sitzt vor dem Fernseher (Tor). Jetzt kommen Sie und stellen sich zwischen Mann und Fernseher – und schon sind Sie im Abseits. Allerdings nur passiv, denn noch haben Sie ja nichts weiter getan, als herumzustehen, und das wird auch nicht vom Schiedsrichter gepfiffen. Betritt jetzt aber noch Ihr Junior (Ihr Mitspieler) das Zimmer (Spielfeld) und wirft Ihnen über Ihren Mann hinweg eine Tüte Chips (Ball) zu, die Sie auch fangen (annehmen), dann sind Sie klassisch im Abseits. Jetzt regt sich Ihr Mann zu Recht auf, Sie haben einen Vorteil (könnten die Chipstüte ja ungehindert in den Fernseher donnern), und der Schiedsrichter pfeift.

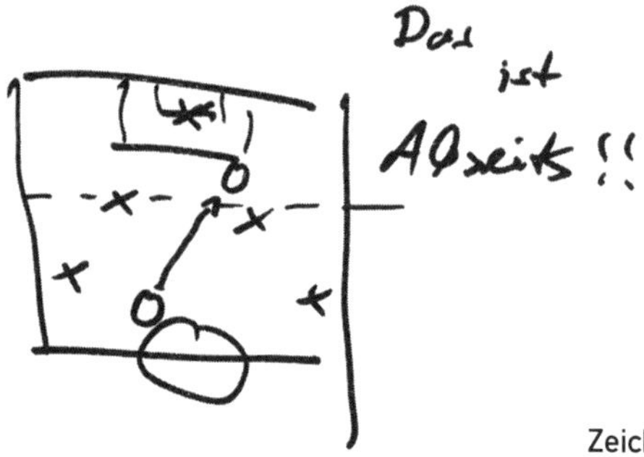

Zeichnung: Christoph Metzelder

Setzen Sie sich dagegen zu Ihrem Mann auf die Couch und fangen da die Chipstüte, ist alles in Ordnung, da »gleiche Höhe«. Alles klar?

Merke: Einfach so vor dem Tor der anderen herumstehen und auf den Ball Ihres Mitspielers warten ist nicht. Ein Gegenspieler muss sich mindestens mit Ihnen auf gleicher Höhe befinden, damit Ihr Tor zählt.

Außen-/Innenrist/Spann/Hacke/Pike/Sohle

Fuß ist doch Fuß? Denkste! Wenn Sie jemals eine Reflexzonenmassage genossen haben, dann wissen Sie, wie komplex Ihr Fuß wirklich ist.

Der Ball darf mit allen Teilen des Fußes gespielt werden. Ob hart nach vorne mit dem Spann (oberer Teil), gefühlvoll und in Kurven mit dem Innen- oder Außenrist (so nennt man die Längsseiten) oder artistisch mit der Hacke. Alles ist möglich und hängt von der Anatomie und Fähigkeit des jeweiligen Spielers ab. (Beckenbauers Füße zum Beispiel waren leicht nach innen gestellt, sodass er besonders gut mit dem Außenrist spielen konnte.) Wenn Sie hören, dass einer den Ball »mit der Pike« nimmt, dann trifft der Spieler das Leder gerade etwas unorthodox, aber sehr effektiv mit der Fußspitze.

Die wahren Ballkünstler sind übrigens mit beiden Füßen treffsicher, egal ob links oder rechts.

Doppelpass

Deutsch-türkisch, türkisch-deutsch, oder was? Nein, der Doppelpass hat rein gar nichts mit Staatsangehörigkeiten zu tun. Vielmehr hiermit: Ein Spieler spielt seinen Mitspieler an, läuft ein Stück und bekommt den Ball sofort wieder von ihm zurück. Schnelle Aktion mit großer Wirkung: Der Gegner ist verwirrt und kommt selbst nur schwer an den Ball. Wird auch Rasenschach genannt.

Dribbling

Ist eine Kunst für sich. Frauen benutzen sie schon mal im Sommerschlussverkauf, wenn es darum geht, ohne Rücksicht auf Verluste um die Tische zu kurven und sich die Schnäppchen zu sichern.

Im Fußball sind Dribbelkünstler die Spieler, denen der Ball förmlich am Fuß klebt und die mit kurzen Bewegungen und Tricks den Gegner völlig verrückt machen. Meister dieser Technik sind vor allem südamerikanische Fußballer und da besonders Brasilianer.

Dropkick

Ist eine Schusstechnik. Man lässt den Ball kurz aufkommen und tritt im Moment der Bodenberührung mit dem Fuß kräftig dagegen. Dadurch bekommt der Schuss mehr Weite. Torhüter verwenden diesen Kick oft, wenn sie den Ball abschlagen. Peinlich wird es, wenn sie dabei abrutschen und die Kugel sonstwohin fliegt.

Ecke

Gehört zu den Standardsituationen, die im Training immer wieder geübt werden. Ist im Spiel eine Strafe, die gegen die Mannschaft verhängt wird, die sich in Bedrängnis fühlt und den Ball über die eigene Torlinie (siehe Platzskizze Seite 23) befördert. Der Gegner darf dann ungehindert von der Eckfahne aus auf oder vor das Tor schießen und hat damit einen klaren Vorteil.

Einwurf

Rufen Sie bitte niemals laut »Hand«, wenn ein Spieler den Ball von der Seitenlinie aus einwirft. Das ist nämlich erlaubt und passiert dann, wenn der Ball vorher von der gegnerischen Mannschaft ins Aus gespielt wurde, also außerhalb des Spielfeldes. Der Gegner muss beim Einwurf zwei Meter Abstand halten. Man darf übrigens nicht direkt ins Tor werfen.

Elfmeter/Elfer

Auch Strafstoß genannt. Eine erzieherische Maßnahme, vergleichbar mit Fernsehverbot, Liebesentzug oder dem Sperren der Kreditkarte. Wird vom Schiedsrichter verhängt, wenn ein Spieler im Strafraum (siehe Platzskizze Seite 23) gefoult wird. Aus elf Meter Entfernung (daher Elfer) darf ohne Eingreifen der gegnerischen Feldspieler (also alle außer dem Torhüter) aufs Tor geschossen werden. Ein klassisches Mann-gegen-Mann-Duell.

> **Merke**: Hochspannung! Bleiben Sie sitzen und halten Sie bloß den Mund, bis der Moment vorbei ist!

Ersatzbank

Ansammlung schlecht gelaunter Spieler, die der Trainer nicht aufgestellt hat. Dennoch hoffen alle, dass sie mal drankommen.

Außerdem sitzen hier noch der Trainer, sein Assi, der Doc und der Zeugwart (Mann für die Wäsche/Trikots).

Fallrückzieher
Spektakulärer Torschuss. Der Spieler steht mit dem Rücken zum Tor, lässt sich nach hinten fallen und schießt den Ball über seinen Kopf hinweg aufs Tor. Weltklasse, wenn es gelingt, Lachnummer, wenn es danebengeht.

Flanke
Der Ball wird von außen nach innen gespielt, meistens hoch über die Köpfe der Gegenspieler hinweg vor das Tor. Ist ein Fall für die Spezialisten an der Außenbahn, mit guten Flanken bringen sie ihre Torjäger in Stellung. Raffinierter Spielzug.

Foul
Oder »Don't touch«! Schubsen, Kratzen, Beinstellen, An-den-Haaren-ziehen, Schlagen, Spucken – das alles ist nicht nur unter Kindern verbreitet, auch ausgewachsene Fußballspieler neigen dazu, sich auf diese Weise den Ball zu erkämpfen. Das ist jedoch strikt verboten und wird – wenn es der Schiedsrichter sieht – auch so-

fort mit einer Karte bestraft. Die gelbe Karte gibt es für harmlosere Varianten, aber auch für Meckern oder Spielverzögerungen. Rot für grobe Handgreiflichkeiten, für Spucken oder Kopfnüsse verteilen. Zweimal Gelb hintereinander bedeutet übrigens auch Rot. Für den Spieler ist die Sache damit gelaufen, er muss runter vom Platz.

Was gerade so durchgeht, ist Rempeln, das heißt, wenn zwei Spieler Schulter an Schulter mit angelegten Armen nebeneinander herlaufen.

Freistoß

Wieder eine Standardsituation und eine Strafaktion. Wenn ein Spieler gegen die Spielregeln verstößt, bekommen die anderen einen Freistoß.

Es gibt zwei Arten: direkt und indirekt. Mit einem direkten Freistoß, den man immer nach Foulspiel des Gegners zugesprochen bekommt, kann unmittelbar ein Tor erzielt werden. Beim indirekten (für alle anderen Verstöße) muss zuerst noch ein anderer Spieler den Ball berührt haben.

Freistoßspezialisten in der Nationalmannschaft sind: Michael Ballack (wer auch sonst?), Basti Schweinsteiger, Sebastian Deisler oder Bernd Schneider.

Der Freistoß darf in Ruhe ausgeführt werden, der Gegner muss Abstand halten (exakt 9,15 Meter). Um sich vor der Wucht des Balles zu schützen, stehen die Spieler meist wie angewachsen und halten die Hände vor ihr Allerheiligstes. (Lästern Sie ruhig, aber bitte heimlich!)

Hand/Handspiel

Endlich der richtige Moment, um doch einmal empört »Hand!« zu rufen. Und zwar, wenn ein Spieler mitten im Geschehen auf dem Fußballfeld seine Hand bewusst zu Hilfe nimmt. Geschieht dies im eigenen 16-Meter-Raum (siehe Platzskizze Seite 23), ist das ein schwerer Regelverstoß. Der Schiedsrichter erkennt dann auf Handspiel und verhängt einen Strafstoß (Elfmeter). Darüber hinaus bekommt der Missetäter noch die rote Karte, quasi eine Doppelbestrafung. Außerhalb des Strafraums gibt es einen Freistoß für den Gegner.

Das berühmteste Handspiel der Welt geht auf das Konto des argentinischen Ausnahmefußballers Diego Armando Maradona. Im WM-Viertelfinale 1986 gegen England erzielte er einen Treffer mit Hilfe seiner Hand. Er hatte Glück, der Schiedsrichter übersah es, das Tor zählte. Als Ausrede sagte Maradona: »Es war die Hand Gottes.«

Karte (gelb, rot, gelb-rot)

Oder »Karton«. Im Gegensatz zur landläufigen Meinung bestehen die Karten nicht aus Pappe, sondern aus Plastik. Die Farbe Gelb steht für Verwarnung. Wann immer ein Spieler sich daneben benimmt, aber noch nicht massiv gegen die Regeln verstößt, sieht er die gelbe Karte, darf aber weiter mitspielen. Er muss sich jedoch benehmen, denn sieht er die zweite gelbe Karte, fliegt er vom Platz (gelb-rot). Rot bekommt man, wenn man sich grob daneben benimmt, irgendeine Form von Gewalt anwendet, absichtlich mit der Hand spielt, um ein Tor zu verhindern, oder dem Gegner mit einem Foul eine klare Torchance nimmt.

Konter

Ein schneller Gegenangriff. Eine Mannschaft greift an, müht sich vor dem Tor und verliert den Ball. Der Gegner nimmt ihn und stürmt, ohne lange zu fackeln, in die andere Richtung. Im Idealfall entsteht daraus ein Tor, denn die Abwehrspieler können oft nicht so schnell folgen.

Kurzpass-Spiel

Der Ball wandert schnell und präzise von Spieler zu Spieler, um den Gegner zu verwirren. Sieht super aus, wenn es klappt, ist peinlich, wenn der Ball zwischen den Beinen des Gegners hängen bleibt (siehe auch »Rasenschach« Seite 49).

Manndeckung

Hat beim ersten Hinhören etwas Schlüpfriges und doch nichts damit zu tun. Denn es bedeutet nichts anderes, als seinen Gegenspieler nicht aus den Augen zu lassen, dicht an ihm zu kleben und ihn – wenn es sein muss – mit kleinen, gerne auch unsauberen Tricks am Fußballspielen zu hindern.

Erledigt man diesen Job gut, wird man oft »Terrier« genannt. Das ist übrigens ein Kompliment! Einer der bekanntesten Terrier ist Ex-Bundestrainer Berti Vogts. Als Spieler war er ein knallharter Manndecker und für jeden Spielmacher die Pest.

Notbremse

Philosophisch gesehen ist das die Fortsetzung des Kampfes mit anderen Mitteln; in der Realität heißt das jedoch nichts anderes, als dass man den Gegner einfach umsäbelt. Meistens, weil er allein auf das Tor zuläuft und ein Treffer unvermeidbar erscheint. Statt ihn noch mit legalen Mitteln zu stoppen, wie etwa einfach schneller sein und sich ihm entgegenstellen, grätscht der Spieler seinem Kontrahenten in die Beine und bringt ihn zu Fall – eine eindeutige Notbremse. Geschieht das im Strafraum (siehe Platzskizze Seite 23) gibt es sofort einen Elfmeter, sonst einen direkten Freistoß.

Häufig sieht der Übeltäter auch noch die rote Karte und muss den Platz verlassen. Am Ende haben Notbremser die Dusche immer für sich allein.

Pressing oder Forechecking

Ist im modernen Fußball eine wichtige taktische Maßnahme (und in diesem Fall darf man sich auch ausnahmsweise mal zum Englischen bekennen). Jeder Trainer, auch Jürgen Klinsmann, betont gerne, dass er dem Gegner mit schnellem Pressing oder Forechecking sein Spiel aufzwingen will. Dabei ist die ganze Mannschaft aufgefordert, dem Gegner das Leben schwer zu machen, indem sie dem ballführenden Mann mit mehreren Leuten sofort zu Leibe rückt, sodass er Mühe hat, den Ball ordentlich abzuspielen. Frei nach dem Motto: Viele Hunde sind des Hasen Tod!

Beim Pressing müssen die Spieler extrem viel laufen, daher ist es häufig eher in der Anfangsphase eines Spiels zu beobachten, lässt aber – je nach Kondition – später nach.

Querpass/Steilpass

Beim Querpass spielt ein Spieler seinem Mitspieler den Ball auf gleicher Höhe zu. Querpässe treiben den Trainern allerdings oft die Schweißperlen auf die Stirn, vor allem, wenn sie vor dem eigenen Strafraum gespielt werden. Denn die Gefahr ist groß, dass ein Gegenspieler dazwischengeht und den Ball abfängt.

Steilpässe wiederum sind sehr beliebt. Wenn sie richtig gespielt werden, können sie eine ganze Abwehr knacken und zum Tor führen. Voraussetzung: Ein schneller Stürmer ist mitgelaufen und nimmt den »steil« geschickten Ball an.

Rückpass

Ist eine Notlösung und mit das Langweiligste der Fußballwelt. Denn, wie der Name schon sagt, es geht rückwärts und nicht nach vorne. Findet ein Spieler keinen seiner Leute zum Anspielen, passt er den Ball schon mal zurück zum Torwart. Der darf ihn – anders als sonst – nicht mit der Hand aufnehmen, sondern muss ihn mit dem Fuß weiterspielen. Interessant ist, dass Torhüter nicht unbedingt gute Fußballspieler sein müssen. Manche geraten regelrecht in Panik, wenn sie den Ball plötzlich mit dem Fuß spielen sollen. Wenn ein Rückpass kommt, sind sie meistens genauso sauer wie das Publikum, das dann gerne auf der Tribüne pfeift. Die Spieler unter den Torhütern sind Jens Lehmann und Timo Hildebrand. Bei Oliver Kahn ist es sehr von seiner Tagesform abhängig.

Schlenzer

Bitte mit Gefühl! Hier wird der Ball nicht mit roher Gewalt bearbeitet, sondern liebevoll, fast zärtlich getroffen, sodass er mit wenig Kraftaufwand, dafür aber umso mehr Schnitt eine raffinierte Flugbahn nimmt. Spezialisten schlenzen den Ball bei Freistößen geschickt über die Mauer und nicht selten ins Tor.

Standardsituationen

So werden die Momente im Spiel genannt, in denen der Ball ruht; Freistöße, Ecken und Elfmeter gehören dazu. Standardsituationen sind ein absolutes Muss im Training und werden dort immer wieder geübt, damit die Spieler sie aus dem Effeff beherrschen. Bei einer Standardsituation darf der Spieler auf keinen Fall attackiert oder behindert werden, solange er noch nicht gegen den Ball getreten hat.

Tackling

Noch eine Anleihe bei den Engländern (siehe auch »Pressing« Seite 33). »Tackling« steht für Angriff, den Versuch also, seinem Gegner im vollen Lauf den Ball wegzunehmen. Die meisten Spieler probieren dies mit der Fußspitze. Treffen sie den Ball, ist es ein sauberes Tackling. Treffen sie jedoch die Beine des Gegners, ist das eine unerlaubte Grätsche und wird nicht selten mit Gelb, ja sogar Rot bestraft. Tackling sieht gerade auf nassem Rasen sehr spektakulär aus: Die Spieler rutschen meterweit wie auf Schmierseife, und der Ballverlierer bietet noch ein bisschen Dramatik, indem er laut aufschreit und spektakulär fällt.

Viererkette

Hat nichts mit einem Schmuckstück zu tun, sondern ist der Abwehrriegel vor dem Torwart. Vier Mann spielen auf einer Linie und decken den Raum. Gilt im Fußball als modern und hat die Abwehrvariante mit Libero abgelöst (siehe auch »Taktik« Seite 42).

Volleyschuss

Dürfte Ihnen bekannt vorkommen: Wir haben schließlich alle im Sportunterricht Volleyball gehabt. Entsprechend berührt der Ball auch nicht den Boden, sondern der Spieler nimmt ihn mit dem Fuß aus der Luft und schießt direkt aufs Tor. Nichtkönner erkennt man daran, dass sie den Ball hoch übers Tor in die Wolken semmeln. Könner jedoch erzielen damit Traumtore, die so oder ähnlich euphorisch kommentiert werden: »... direkt aus der Luft, technisch perfekt, Weltklasse!«

Vollspann

Das ist nur was für die ganz Harten. Der Ball wird genau in der Mitte mit der Oberseite des Fußes (Spann) getroffen. Je stärker der Spieler zutritt, desto mehr Wucht steckt dahinter, und der Ball wird irrsinnig schnell. Der beste Augenblick, um bewundernd auszurufen: »Was für ein Hammer!«

ATHLETIK

Wir möchten an dieser Stelle unsere Großmütter zitieren, die folgendes über Jahre landläufige Vorurteil besonders pflegten: »Fußballer sind klein, dick und haben O-Beine!«

Natürlich gibt es immer wieder derart gewachsene Exemplare, doch schaut man sich heute unter den Profis um, so wird man schnell feststellen: Ohne einen sportlich durchtrainierten Body geht gar nichts. Es reicht nicht, einigermaßen genial gegen den Ball zu treten – 90 Minuten harte Laufarbeit erfordern eiserne Kondition und Fitness. Um Ihr Auge zu schärfen und die Auswahl des persönlichen Favoriten zu erleichtern, unterscheiden wir vier verschiedene Kategorien:

Der Krafttyp

Ist meistens groß gewachsen, misst mindestens 1,80 Meter, ist muskulös mit idealen Proportionen; der Modellathlet, Waschbrettbauch inklusive. In der Nationalmannschaft verkörpern Gerald Asamoah, Robert Huth oder Thorsten Frings diesen Typ. Legendäre Spieler dieser Kategorie sind Karl-Heinz Rummenigge oder Dieter Hoeneß.

Der Ausdauertyp

Ist immer in Bewegung, läuft 90 Minuten am Stück, häufig in hohem Tempo. Könnte als Dauerrenner auch locker einen Marathon bestreiten. Spielt meistens im Mittelfeld. Die Nationalmannschaft hat einige dieser Typen in ihren Reihen, z. B. Philipp Lahm, Andreas Hinkel oder Paul Freyer. Und natürlich Michael Ballack, der Ausnahmespieler. Als Kapitän, Chef und Modellathlet kann er eigentlich in allen Kategorien bestehen. Der Klassiker und unerreicht auf dieser Position ist Lothar Matthäus.

Der Schnelle

Könnte auch in der Leichtathletik starten, hat absolute Sprinterqualitäten und läuft auf 100 Meter locker 11,0 Sekunden. Schneller

Antritt, und weg ist er. Die meisten Stürmer besitzen diese Qualität. Kevin Kuranyi ist extrem schnell, aber auch Lukas Podolski und Bastian Schweinsteiger lassen ihre Gegner oft alt aussehen.

Der Bewegliche

Fällt im Spiel am meisten auf. Tanzt zwischen den Beinen seines Gegners, ist ein Meister der Technik. Körperlich eher klein und unscheinbar (und manchmal auch mit O-Beinen, um auf das Mantra unserer Großmütter zurückzukommen), ihm fehlen die Muskelpakete. Spielt jedoch fast körperlos und ausgesprochen elegant. Sebastian Deisler, Bernd Schneider oder Oliver Neuville gehören aktuell dazu. Aber auch hier gibt es ein unerreichtes Vorbild, quasi eine Lichtgestalt: Franz Beckenbauer.

TECHNIK

Frauen und Technik! Eine Kombination, die in den Köpfen vieler Männer noch immer nicht zusammenpasst. Im Fußball ist auch vieles eine Frage der Technik, aber – keine Angst – wenn Sie genau hinschauen, ist diese leicht zu beantworten.

Woran erkennt man eigentlich einen technisch versierten Spieler? Daran, dass er aus Brasilien kommt. Die Südamerikaner sind brillante Techniker, ballverliebt und leuchtendes Vorbild für alle deutschen Fußballer. Denen wird eher Kampf, Kraft und Ausdauer nachgesagt. Dennoch beherrschen auch sie folgende Punkte – mehr oder weniger – gut.

Ballannahme

Jeder Feldspieler darf den Ball mit dem Fuß (Spann, Innen-, Außenrist, Spitze, Hacke), dem Kopf oder der Brust annehmen, eigentlich mit jedem Körperteil außer der Hand.

Achtung: Die Hand reicht im Fußball bis zur Schulter. Wenn der Ball mit dem Arm berührt wird, ist also auch das Handspiel!

Passtechnik

Nicht einfach wild in der Gegend herumbolzen, sondern seinem Mitspieler den Ball möglichst genau zuspielen. Das geht flach, halbhoch oder hoch, Letzteres ist die berühmte Flanke (siehe »Regeln und Begriffe« Seite 29).

Schusstechnik

Ist schlicht die Frage nach dem Wie. Hart und mit voller Kraft oder gefühlvoll mit viel Effet. In der Schusstechnik zeigt sich oft, wie gut der Spieler mit dem Ball umgehen kann. Ist er sein bester Freund, kann er alles mit ihm machen und der Ball wird immer dahin fliegen, wo er hin soll. Mehr als alles andere ist das eine Frage der Übung, zu der auch schon das Kicken im Kindesalter gehört.

Gerade hier sind die Brasilianer unschlagbar. Das ist kein Wunder, da in ihrem Heimatland fast jedes Kind überall mit etwas herumbolzt, das nur annähernd die Form eines Balles hat. Deutsche Kinder sind im Vergleich dazu ziemlich verwöhnt: Wer kicken will, trägt coole Markenschuhe und geht in einen Fußballclub. Aber die wahren Meister haben fast alle irgendwo in einem Hinterhof begonnen.

Kopfballtechnik

Ist etwas für Spezialisten. Um ein guter Kopfballspieler zu sein und möglichst noch Tore damit zu erzielen, muss man schon ein paar körperliche Voraussetzungen mitbringen.

Die echten Cracks sind groß, geschmeidig und können hoch springen. Miroslav Klose ist so ein Beispiel: Bei ihm stimmen Absprung, Höhe und Treffpunkt des Balles – »wie im Lehrbuch!« (beliebter Kommentatorenspruch).

Übrigens: Als »Kopfballungeheuer« hat Anfang der 80er ein gewisser Horst Hrubesch in der Nationalmannschaft für Furore gesorgt.

Außerdem:
KLEINES TORWART-ABC

Torhüter haben nicht nur innerhalb der Mannschaft eine besondere Position, sie nehmen auch technisch eine Sonderstellung ein. Denn sie dürfen den Ball innerhalb des 16-Meter-Raumes auch mit der Hand berühren (siehe »Regeln und Begriffe« Seite 23). Außerhalb des Strafraumes agieren sie wie ihre Mannschaftskollegen, das heißt, sie spielen mit dem Fuß, allenfalls Kopf, aber die Hand ist tabu. Selbstverständlich dürfen sie auch Ecken treten, Elfmeter oder Tore schießen.

Abschlag/Abwurf/Abstoß
Hat nichts mit der leidigen Strom- oder Wasserrechnung zu tun. Beim Abschlag befördert der Torwart den Ball zurück ins Spielgeschehen, entweder per Hand oder mit dem Fuß. Je weiter er kommt, desto schneller können seine Mitspieler einen Angriff auf das Tor des Gegners vorbereiten. Oliver Kahn schafft mit dem Abschlag schon mal gut 80 Meter (also ungefähr 30 Stockwerke Neubau), Jens Lehmann hingegen ist ein guter Werfer, bei ihm fliegt der Ball bis zur Mittellinie.

Hechten
Oder auch Flugübungen. Wenn Oliver Kahn und Co. durch die Luft fliegen und den Ball in letzter Sekunde um den Pfosten lenken,

sieht das ganz schön spektakulär aus. An solchen Paraden erkennt man den Könner. Wundern Sie sich nicht, dass kaum einer verletzt am Boden liegen bleibt. Torhüter sind einfach harte Jungs!

Fausten

Reine Notmaßnahme. Normalerweise versucht jeder Torwart, den Ball zu fangen, im Gedränge oder in unübersichtlichen Situationen boxt er ihn jedoch auch schon mal aus der Gefahrenzone.

TAKTIK

Ordnung ist das halbe Leben! Auch wenn uns in Teenagerzeiten die Mahnung unserer Mütter in den Wahnsinn getrieben hat, heute wissen wir: Sie hatten Recht! Und auch ein Fußballspiel funktioniert nicht ohne Ordnung auf dem Platz. Um aus den vielen Solisten ein Orchester zu machen, bedarf es einer Taktik. Und hier scheiden sich regelmäßig die Geister.

Entweder soll es »herzerfrischender Offensivfußball« sein, was nichts anderes heißt, als dass ordentlich gerannt wird und mindestens zwei bis fünf Tore geschossen werden. Oder der Trainer lässt schon mal »Beton anmischen«. Dann tummeln sich alle hinten in der Abwehr mit der Maßgabe: »Die 0 muss stehen.« Mit anderen Worten: Bloß kein Tor einfangen!

Egal, mit welcher Strategie Sie bei Ihrem Gesprächspartner punkten wollen: Sie liegen immer richtig. (Dennoch lässt sich über dieses Thema natürlich auch immer vortrefflich streiten – und das werden Sie garantiert auch tun!)

Taktik ist ein Zahlenspiel, von dem Männer immer glauben, dass sie allein es beherrschen. Wir helfen Ihnen, den Zahlencode zu entziffern.

Grundsätzlich gibt es eigentlich nur zwei Möglichkeiten: Angriff und Verteidigung. Beim Angriff ist man im Ballbesitz und will ein Tor schießen. Hat jedoch der Gegner den Ball, wird auf Verteidigung umgeschaltet. Man muss ein Tor verhindern und den Ball zurückerobern. Wie sich jetzt Angreifer und Verteidiger zueinander verhalten, wer wann wem den Rücken freihält und wie nach vorne geht, gibt der Trainer vor. Das ist seine Taktik und ein (hoffentlich) ausgetüftelter Plan.

Unter der Vielzahl von Möglichkeiten haben sich im Laufe der Zeit drei Spielsysteme – das ist die Anordnung der Fußballer auf dem Platz – durchgesetzt: 3-4-3, 3-5-2 oder 4-4-2.

Was sich wie die Nummer eines Notrufes anhört (und manchmal bricht ja auf dem Platz tatsächlich der Notstand aus!), setzt sich wie folgt zusammen: Die erste Zahl bezeichnet die Anzahl der Abwehrspieler, die zweite gibt an, wie viele Spieler sich im Mittelfeld tummeln, und die letzte Zahl gehört den Stürmern. Ach so, damit sind selbstverständlich nur die Feldspieler gemeint, der Torwart kommt noch dazu (nicht dass Sie denken, wir könnten nicht rechnen!).

Um zu erkennen, mit welchem System gespielt wird, sollten Sie den Anpfiff nicht verpassen. Unmittelbar bevor es losgeht, stellen sich die Spieler nämlich in der entsprechenden Formation auf. Wenn das Spiel dann erst mal läuft, verlieren die Jungs allerdings schon mal die Ordnung. Dann ist es auch für den Experten schwer zu erkennen, mit welchem System gespielt wird.

3-4-3/neuerdings auch 4-3-3

Mit der Lizenz zum Toreschießen! Drei Stürmer sind gesetzt, und die Wahrscheinlichkeit, dass wenigstens einer trifft, ist folglich hoch. Dieses System kommt aus Holland, wurde in der berühmten Fußballschule von Ajax Amsterdam entwickelt. Wie Sie sich denken können, ist es allerdings relativ riskant. Wenn der Gegner kontert, fehlt immer einer hinten.

3-5-2

Ist das Standardsystem und wird von den Mannschaften bevorzugt, die ein starkes Mittelfeld haben. Ist oft das System der Deutschen, 1990 wurden wir damit unter Teamchef Franz Beckenbauer Weltmeister. Die Besonderheit dabei: Klaus Augenthaler spielte Libero, sicherte als letzter Mann noch hinter der Abwehr ab. Heute gilt das Spiel mit Libero als veraltet.

4-4-2 oder der Klinsmann-Traum
Sieht auf den ersten Blick defensiv aus, ist aber grundsätzlich eine mutige und risikofreudige Variante. Berühmt geworden durch den Begriff »Viererkette« (übrigens: größte Nervfrage männlicher Kollegen: »Kannst du überhaupt eine Perlenkette von einer Viererkette unterscheiden?«).

In Ländern wie England oder auch Brasilien wird dieses System schon lange erfolgreich praktiziert, in Fußballdeutschland seit etwa zehn Jahren. Hier sind die Bayern Klassenprimus, aber auch Werder Bremen ist damit schon Meister (2004) geworden.

Dennoch ist die Viererkette ein ständiges Reizthema. Viele Abwehrspieler sind auf Manndeckung trainiert, suchen sich einen Gegenspieler und bewachen ihn. Bei der Viererkette jedoch müssen sie flexibel sein und den Raum decken. Kommt es zu Missverständnissen untereinander, ist der Gegner schnell durchgelaufen und schießt sein Tor.

Als moderner Bundestrainer versucht Jürgen Klinsmann es meist mit der Viererkette. Wenn die jedoch nicht funktioniert, stellt er um auf 3-5-2.

Geheimsprache Fußball

Erinnern Sie sich noch, wie Sie als Teenager mit Ihrer besten Freundin über Schule, Klamotten und Jungs abgelästert haben? Oder später mit Ihrer Kollegin über den Chef und ähnliche Katastrophen?

Wann immer wir mit unserem Gesprächspartner auf einer Wellenlänge liegen, fühlen wir uns heimisch, vertraut und verstanden. Wir sprechen eine Sprache. Dies ist ein Phänomen, das sich überall in der Gesellschaft zeigt. Ob Frauen, Männer, Kinder, in der Politik, der Liebe, der Religion oder beim Skat: Kommunikation funktioniert nach bestimmten Ritualen, Regeln und Codes. Und das gilt natürlich auch für den Sport.

Den meisten Männern – und besonders Fußballkommentatoren – scheinen bestimmte Schlüsselwörter und Fachbegriffe geradezu angeboren zu sein. Warum, weiß eigentlich keiner so genau. In vielen Fällen führt genau das jedoch dazu, dass Frauen sich von der Diskussion ausgeschlossen fühlen.

Dabei ist die Fußballsprache gar nicht so geheim und lässt sich schneller lernen, als Sie vielleicht denken.

Wie das geht? Einfach zuhören und sich schlicht ein paar Vokabeln merken. Und keine Sorge, es ist auch überhaupt nicht langweilig, versprochen! Immerhin reicht das farbenfrohe Repertoire von Medizin (das berühmte Syndesmoseband) über Diäteinheiten (Pfund) und Kochrezepte (Boulette) bis zur Welt der Tiere (Terrier und Schwalben) und bietet immer wieder lustige Vergleiche. Glauben Sie uns: Wenn Sie Spaß an Sprache haben, dann ist der geheime Fußballcode eine echte Bereicherung in so mancher Lebenslage.

Im Folgenden also unsere persönliche Auswahl für Insider und die, die es werden wollen.

Abstauber

Ist ein Parasit im Strafraum, ihm fallen die gebratenen Tauben vor die Füße. Er profitiert nämlich von den Kraftanstrengungen seiner Mitspieler, die mit großem Aufwand den Ball vor das Tor gebracht haben. Er muss ihn dann nur noch locker reinschieben. Seine Lieblingsdisziplin ist es, auf Bälle zu lauern, die der Torwart abprallen lässt, um sie dann reinzuschießen.

Bananenflanke

Immer wieder muss diese Frucht herhalten: entweder als Begrüßungsgeschenk für ehemalige DDR-Bürger oder wie hier als Begriff für eine technische Finesse. Beschreibt die Flugbahn des Balles, die den Bogen einer Banane nachahmt. Als »Bananenflanker« schlechthin gilt auch heute noch der ehemalige Hamburger Manni Kaltz.

Bogenlampe

Ähnlich wie die Bananenflanke, nur viel höher und meistens unbe absichtigt, aus der Not geschossen.

Bratwurst/Blinder

Schimpfwort, bedeutet »einfach nur schlecht«! Wie wir wohl alle wissen, gibt es Tage, an denen bleibt man lieber gleich im Bett. Erwischen Fußballer so ein Tief, reicht es eben nur zur Resteverwertung: »Du Blinder!« oder »Was für eine Bratwurst!«. (Bevor Sie aber zu sehr im kulinarischen Jargon aufgehen: Keiner sagt »Du Rumpsteak!« oder Ähnliches!)

Fallobst

Spieler, die sich schon bei der kleinsten Berührung theatralisch fallen lassen. Wollen einen Freistoß schinden.

Fliegenfänger
Schimpfwort für Torwart, der einen schlechten Tag hat. Die Bälle fallen ihm aus der Hand, kullern ins Tor, oder er fliegt an ihnen vorbei.

Fußballgott/Lichtgestalt
Auszeichnung, durchaus ähnlich dem Bundesverdienstkreuz. In Deutschland gibt es nur einen: den Franz (Beckenbauer)! Weltweit wenige: Pelé, Maradona und Zidane gehören dazu.

Grätsche/Blutgrätsche/Sense
Nichts für Softies, sondern harter Einsatz. Der Spieler versucht, im Lauf seinem Gegner den Ball wegzutreten. Trifft dabei schon mal die Beine, dann heißt es Blutgrätsche. Die Deutschen gelten hier als Spezialisten, sind sozusagen Meister in der »Grätschenfrage«.

Grottenspiel/-kick
Keine Tore, keine Helden, Langeweile pur – da stellt selbst Ihr Liebster die Glotze ab.

Hattrick
Stürmerglück! Drei Tore von ein und demselben Spieler hintereinander in einer Halbzeit. Dabei darf kein anderer dazwischenfunken. Lupenreine Torbilanz, die in jeder Statistik hervorgehoben wird. Fälschlicherweise wird schon mal von einem Hattrick gesprochen, wenn jemand drei Tore schießt, dazwischen aber andere Tore gefallen sind.

Hammer/Granate/Bombe
Vorsicht, Explosionsgefahr! Da traut sich einer und schießt mit aller Wucht aufs Tor. Ein Sonntagsschuss, wie er nicht jeden Tag vorkommt. Alternativ kann man auch sagen: **ein sattes Pfund!**

Kirsche/Pille/Boulette

Die Fußballsprache ist erfinderisch und regional unterschiedlich. Ball ist eben nicht nur Ball, sondern im Ruhrpott eine Kirsche, in Berlin eine Boulette und im Rest der Republik gerne auch mal die Pille.

Knipser

Ist ein begnadeter Torjäger mit Instinkt. Läuft nicht viel, steht aber immer richtig vor dem Tor. Kommt er an den Ball, trifft er garantiert. Wird von seinen Gegenspielern fast immer unterschätzt, weil er ruhig, fast gelangweilt wirkt. Ein Knipser wie aus dem Lehrbuch ist Roy Makaay vom FC Bayern München. Leider, leider ist er Holländer und für unsere Nationalmannschaft deshalb nicht zu gebrauchen.

Klopper

Oder: der Antifußballer. Ist weder schnell, noch geschickt, sondern gleicht sein Unvermögen durch übertriebene Härte aus. Trifft garantiert nie den Ball, sondern eher den Knöchel oder das Schienbein seines Gegenspielers. Redet sich seine Spielweise gerne schön: »Ich bin stark im Zweikampf!«

Kullerball

Oder der Wolf im Schafspelz. Eigentlich eine leichte Angelegenheit für jeden Torhüter. Der Ball ist weder hart noch raffiniert geschossen, trudelt langsam aufs Tor. Doch irgendeine Delle im Rasen gibt ihm einen unberechenbaren Drall, und plötzlich ist er drin. Man darf sich eben nie zu sicher sein!

Kleinklein

Beliebte Wortkombination bei Fußballkommentatoren für eine brotlose Kunst: »Da geht nichts, die spielen kleinklein.« Heißt: den Ball auf engstem Raum hin und her zu schieben, ohne wirklich voranzukommen, geschweige denn vors Tor.

Einen Lauf haben

Alles ist möglich! Die Spieler sind wie im Rausch, jede Aktion gelingt, keiner macht Fehler. Glücksgefühle, die wir alle kennen. Ob Job, Familie oder Haushalt: Alles geht mühelos von der Hand, wir fühlen uns unschlagbar und sind es oft auch. Das Gegenteil: **die Seuche haben**.

Leo

Damit ist kein Löwe oder ein ähnlich königliches Raubtier gemeint. Hat sich als Kommando unter den Spielern eingebürgert und bedeutet: »Lass den Ball durch, ich nehme ihn an.« Eigentlich könnte man auch schlicht »Lass mich!« sagen, doch das ist auf dem Platz verboten und wird tatsächlich vom Schiedsrichter geahndet, weil es den Gegner irritiert.

Lupfen

Gestatten Sie Ihrem Liebsten hin und wieder heimlich einen Blick auf Ihre Dessous? Dann lupfen Sie dazu garantiert Ihren Pullover ein Stückchen aufwärts. Ein Spieler hingegen lupft den Ball, wenn er ihn mit der Spitze anhebt und über seinen Gegner spielt.

Mann gegen Mann

Oder eins gegen eins. Die härteste, reinste und fairste Form des Zweikampfes. Ob in der Antike, im Staub eines Westerns oder beim klassischen Duell im vergangenen Jahrhundert: Einer muss, soll und wird gewinnen. Aber auch der Verlierer ist noch ein Held, denn er hat sich mannhaft gestellt. Uns Frauen ist diese Form der Auseinandersetzung oft zu brachial und daher eher fremd.

Matte

Lange Haare. Kommen neuerdings wieder in Mode, obwohl hierzulande Kurzhaarschnitt und Glatze auf dem Platz dominieren. Aber südeuropäische und südamerikanische Spieler zeigen gerne, was sie haben, und geben ihrer Frisur mit Gel oder Haarband eine besondere Note. Wer auf Latinos steht, kommt während der WM auf jeden Fall auf seine Kosten. Freuen wir uns auf Hernán Crespo (Argentinien), den Brasilianer Kaka oder Rafael Márquez (Mexiko). Die längsten Haare bei den Deutschen hat noch Michael Ballack.

Mister Chancentod

Es gibt Stürmer, die sind unglaublich begabt und haben das Zeug zum Helden – wenn sie nur nicht regelmäßig vor dem Tor versagen würden. Sie stehen völlig frei vor dem Kasten, der Ball klebt an ihrem Fuß, und sie müssen ihn nur noch hineinschieben. Stattdessen eine unbedachte Bewegung, vielleicht der Gedanke, es schön und spektakulär zu machen, und – schwupps! – der Ball landet überall, nur nicht im Tor. Hat ein Spieler mehrere solcher Szenen und braucht er in der Regel fünf bis sechs Anläufe, um tatsächlich mal zu treffen, bekommt er von Mitspielern, Trainern und Journalisten diesen wenig schmeichelhaften Spitznamen verpasst.

Parade

Wieder einmal etwas Militärisches. Erinnert an Aufmärsche der ehemaligen Nationalen Volksarmee, Blechmusik und Stechschritt. Auch Karnevalsumzüge haben etwas von einer Parade, und das passt sogar in den Zusammenhang, denn hier stellt man sich zur Schau. Und im Fußball macht das der Torwart mit Flugeinlagen, Hechtsprüngen, Abrollern. Alles, um den Ball abzuwehren. Grandios und immer wieder bestaunt, wenn es sich um scheinbar unhaltbare Bälle handelt. Manchmal ist es aber auch nur Effekthascherei, ähnlich wie bei den Tennisdamen, die beim Aufschlag so markerschütternd stöhnen können.

Rasenschach

Eine Anleihe vom Intelligenzspiel. Nur gibt es weder König, Bauer oder Dame, sondern nur Fußballer. Die sollen mit kleinen, effektiven Schritten zum Raumgewinn kommen und auf dem Rasen ein gepflegtes Kurzpassspiel aufziehen. Damit sind sie für den Gegner nicht nur gefährlich schnell, sondern auch schwer auszurechnen. Viele Trainer setzen ihren ganzen Ehrgeiz in diese Spielform, denn sie wollen nicht nur mit rustikalem Drauf und Drin, sondern auch mit der intelligenten Variante zum Erfolg kommen.

Riese/Leuchtturm

Groß gewachsener Spieler; 1,85 Meter müssen es schon sein, um als Riese daherzukommen. Allerdings zählt nicht nur die Körpergröße, auch Fähigkeiten wie Zweikampf- und Kopfballstärke machen diesen Spielertypus aus. Wie ein Fels in der Brandung steht er in der Verteidigung und macht schon allein durch seinen durchtrainierten Body den gegnerischen Angreifern das Leben schwer. Wirkt mitunter etwas hüftsteif und wenig geschmeidig.

Rudelbildung

Ein relativ neues Wort für einen alten Trend. Fußballer sind auf dem Platz leidenschaftliche Menschen, und wenn sie sich ungerecht behandelt fühlen, rotten sie sich zusammen und bequatschen lautstark den Schiedsrichter. Der kann einem dann immer ganz schön Leid tun. Damit sich nicht fünf Mann gleichzeitig auf ihn stürzen, hat der DFB (Deutscher Fußball-Bund, ranghöchste Instanz in Deutschland) die Rudelbildung mittlerweile untersagt. Falls es doch geschieht, verteilt der Schiedsrichter gelbe Karten an die Rädelsführer.

Rumpelfußball

Ein anderes Wort für **Grottenkick**. Hier läuft nichts zusammen, und es lohnt das Hinschauen nicht. Ein Lieblingsbegriff von Franz Beckenbauer, benutzt er gerne, wenn er mal wieder mit der Spielweise des FC Bayern oder auch der Nationalmannschaft nicht einverstanden ist. Aber nur der Kaiser darf so kritisieren. Er sagt ohnehin, was er will, und nie ist ihm jemand wirklich böse.

Schwalbe/Schwalbenkönig

Anderes Wort für Simulant. Der Spieler täuscht vor, dass der Gegner ihn schwer getroffen hat, hebt ab und lässt sich theatralisch zu Boden fallen. Geht der Schiedsrichter ihm auf den Leim, gibt es Freistoß. Passiert das im Strafraum, sogar Elfmeter. Fußballer, die sich oft und gern zu Boden fallen lassen, nennt man verächtlich Schwalbenkönige.

Übrigens: Auch Bundestrainer Jürgen Klinsmann stand als Spieler öfter mal in dem Ruf, ein Schwalbenkönig zu sein (siehe auch »Fallobst« Seite 44).

Schwindlig spielen

Den Gegner laufen lassen, bis er nicht mehr weiß, wo oben und unten ist. Geht am besten mit kurzen Pässen: Ball annehmen und sofort weiterspielen. Der Gegner ist immer einen Schritt zu spät.

Schleifer

Beinharter Trainer, der General auf dem Platz. Sein Motto: »Blut, Schweiß und Tränen« und »Wer mir widerspricht, verteidigt den

Irrtum«. Ersetzt Fachwissen schon mal durch Kommandosprache. Dieser Trainertypus wird erstaunlicherweise von sehr vielen Spielern bewundert und regelrecht verehrt (als hätten wir das nicht schon längst vermutet: Männer lassen sich eben doch ganz gerne sagen, wo es langgeht!). Der zur Zeit bekannteste Schleifer in der Bundesliga ist Felix, »Quälix«, Magath (FC Bayern München).

Über den Schlappen rutschen

Raus aus den Highheels, rein in die Schlappen! Ihre Füße danken es Ihnen jeden Tag. Fußballer nennen ihre Arbeitsschuhe gern Schlappen, weil sie, genau wie Hausschuhe, bequem sein müssen. Damit lässt sich besser laufen und treffen. Bei nassen Bällen kommt es schon mal vor, dass die Spieler abrutschen und nicht richtig an den Ball kommen: Dann ist der Ball über den Schlappen gerutscht.

Die Seuche haben

Gegenteil von **einen Lauf haben** (siehe Seite 47).

Auf die Socken/Stöcker kriegen

Hier wird unfair zu Werke gegangen. Statt den Ball zu spielen, nimmt man sich die Knöchel oder Schienbeine des Gegners vor. Kleine versteckte Tritte mit manchmal großer Wirkung. Die Verletzungsgefahr ist enorm: Bänderrisse oder Knochenbrüche sind die Folge.

Sonntagsschuss

Ein Schuss – ein Tor. Davon träumt man sein ganzes Leben und kann lange davon zehren, wenn es denn einmal gelingt.

Spielen wie vom andern Stern

Traumfußball! Schnell, flüssig, direkt, mit Toren zum Niederknien – einfach galaktisch! Da passt alles zusammen, es geht einem nicht nur das Herz auf, da zahlt man auch gerne Eintritt. Bei solchen Spielen versteht man sogar als Frau, was Fußball zu einem faszinierenden Sport macht.

Ein Spiel lesen

Eine Fähigkeit, die tatsächlich nur wenige Fußballer haben: den 7. Sinn! Sie ahnen schon, was passiert, bevor es passiert. Sie wissen immer, was der Gegner als Nächstes unternimmt, und können entsprechend reagieren. Das Spiel liegt ihnen einfach im Blut, sie erkennen den Rhythmus und bestimmen das Tempo. Diese Fähigkeit unterscheidet aber nicht nur den genialen vom begabten Spieler, sondern Gleiches lässt sich auch von allen anderen, die sich mit Fußball beschäftigen, sagen. Denn nicht alle selbst ernannten Experten haben tatsächlich diesen besonderen Blick. Verlassen können Sie sich in dieser Hinsicht auf Franz Beckenbauer, Günter Netzer und unter den Neuen auf den Mainzer Trainer Jürgen Klopp.

Staubsauger

In den meisten Haushalten werden solche Putzarbeiten ja eher selten gewürdigt, im Fußball hingegen schon. Hierbei handelt es sich nämlich um einen Mittelfeldspieler, der schon vor der eigenen Abwehr die Angriffe des Gegners abfängt. Er stört, drängt den Gegenspieler ab und versucht, ihm den Ball wegzuschlagen. So hält er seinen Bereich sauber und ist besonders zur Unterstützung der Abwehr ein ganz wichtiger Mann. In der Nationalmannschaft erledigt aktuell Fabian Ernst und auch schon mal Thorsten Frings diesen Job.

Syndesmoseband

Nein, wir wollen Sie nicht zur Orthopädin umschulen, aber diesen medizinischen Fachbegriff sollten Sie trotzdem kennen, wenn Sie Ihren Liebsten mit fußballerischem Fachwissen beeindrucken wollen. Bei Verletzungen wird er nämlich von allen Experten gleichermaßen genüsslich strapaziert und rangiert noch vor Kreuzband, Meniskus oder Adduktoren. Es handelt sich dabei um ein feines Band am Schienbein, das – trotz Schienbeinschoner – schon mal in Mitleidenschaft gezogen werden kann. Eine äußerst schmerzhafte Angelegenheit.

Terrier/Klette

Ein extrem hartnäckiger Verteidiger, der sich an die Fersen seines Gegenspielers heftet und ihn nach dem Pausenpfiff am liebsten noch in die Kabine verfolgen würde.
Ist wie ein lästiger Verehrer, den man einfach nicht mehr los wird. Gehört wahrlich nicht zu den Fußballkünstlern, hat aber in jeder Mannschaft seinen festen Platz, weil kein anderer den Gegner so nerven kann. Bekanntester Terrier ist, wie schon erwähnt, Ex-Bundestrainer Berti Vogts.

Tödlicher Pass

Nennt man das Zuspiel eines Mittelfeldspielers auf einen Stürmer, das zentimetergenau sitzt. Meist kommt es unerwartet und ist für den Gegner nicht mehr erreichbar. Nach so einem Pass erzielt der Stürmer fast immer ein Tor.

Traumtor

Fußball in höchster Vollendung. Ein Tor, wie es schöner und spektakulärer nicht sein kann. Anwärter auf diesen Titel sind Fallrückzieher, Freistöße aus 20 bis 30 Meter Entfernung, Bogenlampen und Volleyschüsse.

Tunneln/Beinschuss

Einem Spieler wird der Ball direkt durch die Beine gespielt. Das ist für jeden blamabel, für den Torhüter jedoch ist es die Höchststrafe. Denn so ein Beinschuss endet fast immer mit einem Tor.

Weichei/Heulsuse

Diesen Typ Mann kennen Sie bestimmt auch: extrem zart besaitet, kann überhaupt nichts vertragen! Im Fußball sind das Spieler, die sich schon fallen lassen, bevor der Schiedsrichter überhaupt angepfiffen hat. Weiteres Merkmal: ständiges Lamentieren und Beschweren beim Unparteiischen. Verlässt den Platz gerne mit sauberem Trikot und muss sich des Öfteren Ratschläge seiner Kollegen gefallen lassen, es doch mal mit Ballett zu versuchen. Für eingefleischte Fans, die Fußball nun mal für einen reinen Männersport halten, sind sie regelrechte Feindbilder. Die bekannteste Heulsuse der Nation ist Ex-Nationalspieler Andreas Möller. Aufgestellt wurde er trotzdem, denn bei aller Wehleidigkeit hatte Andy immer seine genialen Momente – und ein Tor zum passenden Zeitpunkt rechtfertigt noch jedes Weichei.

Zauberball

Eine besonders raffinierte Ballbehandlung: dribbeln, in der Luft halten, volley nehmen oder ein technisch perfekter Schuss. Der Ball ist der beste Freund des Spielers – und der darf sich dann getrost »David Copperfield« nennen.

Zuckerpass

Ist weder eine Bestätigung für Diabetes noch eine Einreisegenehmigung für Brasilien, sondern schlicht eine Frage des Timings. Es ist einer der genialen Momente, wo das Zuspiel zwischen Mittelfeldspieler und Stürmer so optimal funktioniert, dass fast immer ein Tor fällt (siehe auch »**Tödlicher Pass**« Seite 53).

Der besondere Kick

Herzlichen Glückwunsch: Sie haben es geschafft! Das Pflichtprogramm liegt hinter Ihnen, jetzt folgt die Kür. Und das heißt: Geschichten aus der großen Welt des Fußballs, es darf also geklatscht und getratscht werden. Glauben Sie jedoch nur nicht, dass das ein Privileg von uns Frauen ist. Auch hart gesottene männliche Fans sind durchaus am Privatleben der Fußballstars interessiert, nur geben sie das nicht gerne zu.

»Mir egal, Hauptsache er tritt vernünftig gegen den Ball!« ist eine der Antworten, die Sie von Ihrem Liebsten bekommen werden, wenn Sie nach der aktuellen Freundin eines Nationalspielers fragen. Und doch weiß er bestimmt mehr, als er vorgibt zu wissen. Denn nirgendwo sonst wird mit solcher Hingabe über Eskapaden und Affären der Profis gelästert wie beim Feierabendbier oder in der Sauna, wo Mann unter seinesgleichen ist.

Verantwortlich dafür, dass überhaupt über das Privatleben der Kicker getratscht wird, sind meist ihre besseren Hälften. Kein Kahn, kein Effenberg, ja selbst der »Kaiser« stünde nicht so oft in den einschlägigen Boulevardblättern, gäbe es nicht die Ansammlung von Blondinen in ihrem Umfeld.

Fangen wir also erst mal mit denen an, die auch Ihnen – rein biologisch gesehen – näher stehen: den Frauen. Ungeachtet ihrer Herkunft, Ausbildung oder sonstigen Qualifikation werden sie schlicht in einer Gruppe zusammengefasst: die **Spielerfrauen**. Also bedenken Sie: Wenn Sie sich mit einem Fußballprofi zusammentun, geben Sie Ihre Identität an seiner Haustür ab.

»IN MEINEM NÄCHSTEN LEBEN WÄRE ICH GERN SPIELERFRAU!«

Bayernstar Mehmet Scholl auf die Frage, was er – außer Fußballprofi – am liebsten sein würde.

Eine bemerkenswerte Aussage, impliziert sie doch, dass »Spielerfrau« ein toller Job ist mit einem sorgenfreien Leben. Aber ist es wirklich so?

In der Tat hat sich das Bild der Spielerfrau, -freundin oder -verlobten mit den Jahren verändert. Von der Mutter seiner Kinder über gut verdienende Models bis hin zur kühl rechnenden Studentin der Betriebswirtschaft: Jeder Typus ist mittlerweile vertreten, und das, obwohl Fußballspieler nicht gerade zur intellektuellen Elite zählen. Aber sie haben eine besondere, ausgesprochen gut bezahlte Begabung, manche sind sogar genial, und sie haben klare, dem Beruf folgende Bedürfnisse: viel Schlaf, gesundes Essen und Streicheleinheiten nach der harten körperlichen Fron eines Bundesligaalltags.

Spielerfrau – wirklich ein Traumjob?
Falls Sie diesen Status anstreben oder vielleicht sogar mit einem hoffnungsvollen Fußballtalent liiert sind, hier ein paar Orientierungshilfen:

Rangordnung

Sie stehen immer hinter ihm, aber leider auch noch hinter seinem Trainer. Denn der bestimmt seinen Stundenplan und damit Ihr Privatleben. Sie verzichten selbstverständlich auf ein gemeinsames Wochenende, und als Frau eines Nationalspielers fallen Sie sogar wochenlang in Ihr Singledasein zurück. Während eines großen Turniers wie Europa- oder Weltmeisterschaft dürfen Sie ihn nicht begleiten und wenn doch, sind Sie in jedem Fall von Tisch und Bett getrennt. Beides teilt er nämlich mit seinen Spielerkollegen im Mannschaftsquartier.

Zum Stadion nehmen Sie sich ein Taxi, denn der Mannschaftsbus ist selbstverständlich für Sie tabu. Eine Umarmung oder sonstige Vertrautheit ist ebenfalls nicht drin. Sie dürfen ihn aber natürlich gerne von der Tribüne aus bejubeln. Vorausgesetzt der Trainer hat Sie akzeptiert und Sie bekommen eine Karte.

Speiseplan

Informieren Sie sich beizeiten über gesunde Ernährung, oder besuchen Sie einen Kochkurs. Moderne Trainer kontrollieren nämlich penibel Gewicht und Fitness. Der Männerklassiker »Schnitzel mit Pommes« ist schon lange out, gewünscht wird hingegen eine ausgewogene Mischung aus Kohlehydraten und Vitaminen. Manche Trainer stellen sogar Essenspläne auf. Auch wenn dem Spieler das vielleicht nicht gefällt, spätestens nach dem wiederholten Straftraining wegen Übergewicht sieht er es ein.

Nightlife

Fußballprofis sind aus Berufsgründen Nichtraucher oder sollten es zumindest sein. Auch Alkohol ist tabu. Lediglich nach bedeutenden Siegen oder am Ende einer langen Saison wird ein Auge zugedrückt, und die Kicker dürfen loslegen. Nicht selten schlagen sie dabei dann umso übler über die Stränge. Ansonsten gehen sie früh zu Bett, Konzert- und Kinobesuche, Disco oder Partys fallen meistens aus. Die Gefahr, entdeckt und beim Trainer verpfiffen zu werden, ist einfach zu groß.

Heimat
Wenn Sie mit einem Fußballprofi zusammenleben, gehören Umzugskartons ebenso zu Ihrem Inventar wie das unvermeidliche Ledersofa. Im Schnitt geht sein Vertrag über zwei bis drei Jahre, dann darf wieder gepackt werden. Je berühmter sein Name, desto größer die Auswahl, und als »bessere Hälfte« bestimmen Sie selbstverständlich mit. Das wissen auch die Manager der Vereine und locken bei weniger attraktiven Städten mit Sonderkonditionen wie Haus, Auto, Kindergartenplatz etc. Doch viele Spielerfrauen leiden unter massivem Heimweh und halten nicht durch. In Deutschland sind es oftmals besonders die Lebensgefährtinnen der südamerikanischen Ballzauberer, die nach kurzer Zeit Kind und Kegel einpacken und in ihre sonnige Heimat zurückgehen. Das kann zu massiven Leistungseinbrüchen führen, wie das Beispiel Marcelinho von Hertha BSC zeigt. Je nachdem, wie der Brasilianer bei den Berlinern spielt, weiß man immer, ob Frau und Kinder gerade bei ihm sind oder in der Heimat.

Haarfarbe
Eindeutig blond und lang müssen die Haare sein! Fußballer stehen nun mal auf Blondinen und solche, die sich dafür halten. Dazu gehört die standesgemäße Sonnenbrille und angesagte Designerfummel, schon gehen Sie locker als »Vorzeigeweib« durch. Aber Achtung! Fußballstadien sind kalt und zugig, und gespielt wird auch bei minus zehn Grad. Grippe und Blasenentzündungen sind bei unsachgemäßer Kleidung vorprogrammiert.

Aufgabe
Finanziell geht es Spielerfrauen meistens prächtig. Ein Fußballprofi verdient schon in jungen Jahren überdurchschnittlich viel Geld, selbst wenn er noch nicht in der höchsten deutschen Spielklasse, der Fußballbundesliga, angekommen ist. Und er ist bereit zu teilen. Eheverträge oder ähnliche die Beziehung regelnde Abmachungen sind ihm meist zu viel Aufwand, auf so was verzichtet er häufig lieber. Die meisten Profis binden sich früh, heiraten ihre Sandkasten-

liebe und gründen sofort eine Familie. Die Kehrseite der Medaille: Ist die Spielerkarriere mit Mitte 30 vorbei, ist meistens auch die Ehe im Eimer. Prominente Beispiele sind Franz Beckenbauer, Lothar Matthäus, Rudi Völler, Mario Basler, Thomas Hässler und Stefan Effenberg.

Die Beziehung hält hingegen länger, wenn Sie sich unentbehrlich machen. Gaby Schuster und Bianca Illgner wurden die Managerinnen ihrer Männer Bernd und Bodo, und sie handelten die Verträge mit so berühmten Clubs wie dem FC Barcelona oder Real Madrid aus. Ihre Ehen bestehen noch heute.

Eine Garantie ist das jedoch nicht, wie das Beispiel Martina Effenberg zeigt. Die Ex-Ehefrau von Stefan Effenberg war bei jedem Bundesligamanager gefürchtet. Keine verhandelte so hart und erfolgreich wie sie. Selbst Uli Hoeneß vom FC Bayern München, der Routinierteste und Abgebrühteste seiner Zunft, zollte ihr im Jahre 1998 großen Respekt: Er habe noch mit niemandem härter verhandelt als mit Martina Effenberg, war sein Kommentar. Und doch trennten sich Martina und Stefan vier Jahre später. Stefan Effenberg hatte sich in die Frau seines Mannschaftskollegen Thomas Strunz verliebt; Claudia wurde 2004 die zweite Frau Effenberg.

Jagdrevier

Wo trifft man nun den »Fußballer fürs Leben«? Hier gibt es eine Reihe von Möglichkeiten. Beliebt bei jungen Kerlen sind – dem Trainer zum Trotz – Discos, besonders die Edelhäuser wie das »P1« in München, das »Dorian Gray« in Frankfurt oder das »90 Grad« in Berlin. Die schlagzeilenträchtigste Discobeziehung der letzten Zeit ist sicher die von Oliver Kahn: Der Bayernkeeper verguckte sich im Münchner P1 in das Barmädchen Verena. Leider erwartete zu diesem Zeitpunkt Kahns Ehefrau Simone gerade das zweite Kind. Das Blätterrauschen in der deutschen Presse war dementsprechend gewaltig, und Kahn verlor viele, viele Sympathiepunkte, nicht nur bei den Frauen. Mittlerweile hat er seine privaten Verhältnisse geordnet: Er ist geschieden, kümmert sich um die Kinder und ist immer noch mit Verena zusammen.

Auch Flugzeuge sind ein aussichtsreicher Meeting Point. Fußballer sind Vielflieger, und je länger die Reise dauert, desto näher rücken Passagiere und Personal zusammen. Über den Wolken sind die Damen in Uniform noch unwiderstehlicher, und Kicker verteilen gern ihre Visitenkarten. Ex-Bundestrainer Berti Vogts lernte auf diese Weise die Stewardess Monika kennen, mit der er mehr als 20 Jahre lang verheiratet war.

Was im täglichen Leben funktioniert – jedes dritte Paar lernt sich im Job kennen –, trifft auch im Fußball zu. Sibylle Beckenbauer etwa lernte den Franz in der Zentrale des Deutschen Fußball-Bundes lieben, wo sie als Sekretärin arbeitete. Und Heidi Burmester, Franz Beckenbauers aktuelle große Liebe und Mutter seiner zwei kleinen Kinder, hat in der Geschäftsstelle des FC Bayern München gearbeitet.

Miroslav Klose, Deutschlands aktuelle Sturmhoffnung für die WM, verliebte sich gar im Fanshop seines Ex-Clubs Kaiserslautern: Seine Frau Sylwia verkaufte dort Trikots mit seinem Namen und seiner Rückennummer. Mittlerweile haben die beiden geheiratet und sind stolze Eltern von Zwillingen.

Als Kontaktbörse hat sich auch der Friseursalon bewährt. Fußballer sind eitel und verbringen viel Zeit mit Styling. Zur Selbstinszenierung gehört natürlich auch die richtige Frisur. Ob streichholzkurz, nach Fasson geschnitten oder lang gelockt, die Frau, die seinen Schopf im Griff hat, bekommt häufig auch den ganzen Mann. Und obwohl der Beruf durchaus ehrenwert ist, unter den Spielerfrauen findet man offiziell keine bekennende Friseurin; sie nennen sich lieber Visagistinnen.

Es wird Sie kaum erstaunen, dass man als Model grundsätzlich gute Chancen hat, bei einer der zahlreichen Shows oder Partys einen Fußballer kennen zu lernen. Die Kombination zwischen beiden ist nicht nur optisch attraktiv, sie hat auch gute Chancen zu halten. Bestes Beispiel sind hier Oliver und Klara Bierhoff, aber auch Rudi Völlers zweite Ehe mit dem italienischen Ex-Model Sabrina dauert schon viele Jahre an.

Selbst ein so nüchternes Ambiente wie der Schalterraum einer

Bank kann in manchen Fällen die Glückshormone zum Sprudeln bringen. Jürgen Röber, gebürtiger Schwabe und sechs Jahre lang Trainer bei Hertha BSC Berlin, wollte auf Nummer sicher gehen und sein Geld vernünftig anlegen. Der Bankangestellten, die ihn in Vermögensfragen beriet, vertraute er schließlich nicht nur sein Hab und Gut an, sondern gleich sich selbst. Am Ende tauschten beide neben gewinnbringenden Aktien, Fonds und Wertpapieren auch noch die Eheringe.

FUSSBALL-LEGENDEN

Selbst wenn Ihr Partner durchaus Interesse für die amourösen Geschichten der Bundesliga- oder Nationalspieler zeigt, spätestens wenn der Ball rollt, kann er sich wahrscheinlich kaum mehr an den Namen seiner eigenen Liebsten erinnern, geschweige denn an den anderer Frauen. Er schwärmt nun mal für den Sport und die Helden, die der Fußball hervorgebracht hat. Daher eine Liste von Namen, die Sie unbedingt kennen sollten, denn sie sind jedem Fußballfan heilig!

Franz Beckenbauer

11.9.1945, Sternzeichen: Jungfrau

Lebensmotto: Schaun mer mal! **Sein Spitzname:** »der Kaiser«. Angeblich hat er den in den 60er Jahren von Journalisten verpasst bekommen, als er bei einem Freundschaftsspiel in Wien vor der Kaiserbüste fotografiert wurde. Beckenbauer gilt als einer der besten Fußballer aller Zeiten. Warum, hat der noch größere Pelé erklärt: Der Franz, so sagte er, spiele eher wie ein Brasilianer und nicht wie ein Europäer. Gemeint ist damit, dass er technisch unglaublich stark ist. Der Ball klebt regelrecht an seinem Fuß, er kann mit ihm machen, was er will.

Beckenbauer hat außerdem als Libero Maßstäbe gesetzt. Auch hier gibt es bis heute keinen besseren. Seine Mitspieler wussten immer, was sie an ihm hatten. Geärgert haben sie sich über ihn nur nach dem Spiel, weil er am längsten duschte und der Bus wegen ihm nicht abfahren konnte.

Privat hat er ein recht bewegtes Leben hinter sich: fünf Kinder von drei Frauen, zwei Scheidungen. Er steht offenbar auf blonde, norddeutsche Frauen, und seine sportliche Leidenschaft ist neben Fußball das Golfspielen: Beckenbauer hat Handicap 7!

Er ist nicht nur als Spieler und Trainer Weltmeister, er ist auch Werbechampion. Von Tütensuppen (»Kraft in den Teller – Knorr auf den Tisch«) über Handys bis zum Weizenbier, Beckenbauer gehört zu den beliebtesten Werbefiguren.

Andere über ihn:

»Er ist eine Lichtgestalt, die 14 Tage vor der Wahl eine Partei gründen könnte und trotzdem Kanzler werden würde.«
Rudi Assauer, Manager von Schalke 04

Beckenbauer-Zitate:

»Ja gut, es gibt nur eine Möglichkeit: Sieg, Unentschieden oder Niederlage!«

»In einem Jahr habe ich mal 15 Monate durchgespielt.«

»Die Schweden sind keine Holländer, das hat man ganz genau gesehen.«

»Damals hat die halbe Nation hinter dem Fernseher gestanden.«
Nach dem WM-Finale 1990

Pelé

23.10.1940, Sternzeichen: Waage

Eigentlich Edson Arantes do Nascimento. Stammt aus Brasilien und ist das Nonplusultra aller Fußballer. Er war wirklich der Beste! Pelé konnte am Ball einfach alles: Er spielte den tödlichen Pass (siehe Seite 53) und seine Gegner schwindelig. Dazu erzielte er Tore aus beinahe jedem Winkel, auch wenn seine Position völlig aussichtslos erschien. Pelé lernte das Fußballspielen auf der Straße und prägte damit das Bild des Spielers, der mit dem Ball Kunststücke vollbringt und mit ihm nach Belieben zaubert.

Mit gerade mal 17 Jahren wurde er 1958 Fußballweltmeister, insgesamt holte er mit Brasilien dreimal den Titel. Dabei trug er immer die Nummer 10. Noch heute hält er den Weltrekord im Toreschießen: Pelé erzielte 1 281 Tore in 1 363 Spielen, also fast eines pro Spiel.

Seine Landsleute nennen ihn nur den »Fußballgott«, und in seiner Heimat hat man ihn zum nationalen Schatz erklärt. Denn Pelés Bedeutung ging und geht weit über das Sportliche hinaus: Im kriegsgeschüttelten Nigeria z. B. wurde ein Waffenstillstand ausgerufen, als Pelé zu einem Spiel auflief. 1999 wählte ihn das Internationale Olympische Komitee zum »Sportler des Jahrhunderts«.

Andere über Pelé:

»Pelé war der Größte der Fußballgeschichte, und er ist es auch immer noch.«
Franz Beckenbauer

»Sogar der Spielball bat Pelé um ein Autogramm.«
Fußballreporter

Gerd Müller

3.11.1945, Sternzeichen: Skorpion

Spitzname: »Bomber der Nation«. **Sein Motto:** »Wenn's denkst, ist's eh zu spät!« Wie kein anderer deutscher Fußballer hat sich »kleines, dickes Müller« in die Herzen der Fans gespielt. Niemand hatte solche kurzen, dicken Beine wie er, mit denen er jedoch Tore wie am Fließband produzierte. Müller spielte in seiner Karriere ausschließlich für den FC Bayern und die Nationalmannschaft. Er ist noch immer der Rekordtorjäger der Bundesliga: 1972 schoss er in einer Saison 40 Tore. Das hat bis heute keiner geschafft. Auch in der Nationalmannschaft gelang ihm ein Rekord: 68 Tore in 62 Länderspielen. Das wichtigste war das 2:1-Siegtor 1974 im WM-Finale gegen Holland. Das machte Müller bei den deutschen Fans unsterblich.

Nach seiner Karriere ging er mit seiner Frau Uschi nach Florida, kehrte von Heimweh geplagt aber bald zurück. Müller begann zu trinken. Sein Freund, Bayernmanager Uli Hoeneß, schickte ihn zur Entziehungskur und gab ihm beim FC Bayern einen Job.

Günter Netzer

14.9.1944, Sternzeichen: Jungfrau

Unter allen deutschen Fußballstars die klassische 10. Netzer gehört zu den besten Mittelfeldspielern aller Zeiten. Seine Spezialität waren lange Pässe »aus der Tiefe des Raumes«. Ebenso lautet auch seine 2004 erschienene Autobiografie.

Sein Markenzeichen: langes, glattes blondes Haar. Schuld daran war seine damalige Freundin, die lange Haare total hip fand. Netzer ist seiner Frisur bis heute treu geblieben. Er ist ein Mann mit vielen Talenten, die er gerade nach seiner aktiven Spielerkarriere als Unternehmer und Fernsehmoderator gewinnbringend einsetzt. Zusammen mit Gerhard Delling bildet er das Experten-Duo bei der ARD. Sein zweiter Name ist übrigens Theodor!

Uwe Seeler

5.11.1936, Sternzeichen: Skorpion

Spitzname: »uns Uwe«. Ein Hamburger Jung, nur 1,69 Meter groß, der von den 50er bis zu den 70er Jahren zu den besten Stürmern der Welt gehörte. Besonders gefürchtet waren seine Fallrückzieher. Seeler nahm seit 1958 an vier Weltmeisterschaften teil und holte doch niemals den Titel. 1966 unterlag er im Finale England – das berüchtigte Wembley-Tor (siehe »Die WM als ultimatives Ereignis« Seite 82) – mit 2:4.

1961 wollte ihn Inter Mailand und bot 1,2 Millionen Mark, die bis dato höchste Transfersumme, doch Seeler lehnte ab und blieb in Hamburg. Er war stets bescheiden, gradlinig und fair – in seiner ganzen Karriere bekam er nur eine rote Karte. Und er lebte immer ein Leben ohne Skandale, seit 1959 ist Seeler mit seiner Frau Ilka verheiratet.

Sprüche:

»Ich entscheide die großen Dinge und meine Frau die kleinen. Welche Dinge groß oder klein sind, bestimmt meine Frau.«

Fritz Walter

31.10.1920 – 17.6.2002, Sternzeichen: Skorpion

Die wahre Legende! Fritz Walter war Kapitän der Weltmeisterschaftsmannschaft von 1954 und der Superstar der Nachkriegsgeneration. Ein begnadeter Techniker, ein Ästhet am Ball, der Grandseigneur des Spiels.

Sein Vater führte die Vereinsgaststätte des 1. FC Kaiserslautern, und Fritz sollte diesen Verein nie wieder verlassen. Trotz Angeboten aus Frankreich und Spanien blieb Walter am Betzenberg, 1985 wurde das WM-Stadion in Kaiserslautern nach ihm umbenannt. Er war bodenständig, ehrlich, bescheiden und bis zum Schluss mit seiner ersten und einzigen Frau Italia verheiratet. Er wurde Ehrenspielführer der Nationalmannschaft und vielfach ausgezeichnet. Heute gibt es sogar ein Fritz-Walter-Museum.

Diego Armando Maradona

30.10.1960, Sternzeichen: Skorpion

Noch ein Fußballgott, dieses Mal aus Argentinien. Genialer Mittelfeldspieler mit der Rückennummer 10. **Sein Spitzname:** »Pipe de Oro« (Goldjunge). Maradona gehört zwar zu den größten Stars der Fußballgeschichte, aber er ist auch der umstrittenste. Genial am Ball wurde er bei der WM 1986 mit zwei Toren im Viertelfinale gegen England unsterblich. Eines war irregulär und, wie er damals sagte, von der »Hand Gottes« (siehe Seite 83) herbeigeführt, beim zweiten dribbelte er über den halben Platz und versetzte die gesamte englische Abwehr in untätiges Erstaunen. Argentinien wurde Weltmeister und Maradona zum besten Spieler des Turniers gekürt.

Aber er hat auch seine dunklen Seiten: Maradona war über Jahre kokainsüchtig, stand in Kontakt mit der Mafia und hat diverse Vaterschaftsklagen am Hals. Nach mehreren Entziehungskuren ist er zur Zeit clean. Um endlich abzunehmen, hat er sich den Magen verkleinern lassen. Seit August 2005 moderiert er im argentinischen Fernsehen eine eigene Fußballshow: »La notche del 10« – die Nacht der Nummer 10. Eigentlich wollte der argentinische Fußballverband nach Maradona nie wieder die 10 an einen Nationalspieler vergeben, doch der internationale Fußballverband FIFA hat dies abgelehnt.

Sprüche:

»Unsympathisch zu sein ist immer noch besser, als bedauert zu werden.«

Johan Cruyff

25.4.1947, Sternzeichen: Widder

Ja, ja, es ist ein Holländer, aber eben auch der weltbeste Mittelfeldspieler in den 70er Jahren. **Sein Spitzname:** »König Johan«.

Er war der absolute Herrscher auf dem Platz, Torschütze und Spielmacher in einer Person, obwohl er nicht die 10 trug. Seine Rückennummer war die 14. Cruyffs Karriere begann nach dem Tod seines Vaters, als Johan elf Jahre alt war und seine Mutter eine Putzstelle beim Traditionsclub Ajax Amsterdam annahm. Johan ging immer nach der Schule zu ihr. Zwei Jahre später brach er die Schule ab und beschloss, Profikicker zu werden. Heute ist er Kettenraucher, liebt deutsche Autos und aus seiner aktiven Zeit beim FC Barcelona spanischen Rotwein.

Sprüche:

»Ein Spiel zu gewinnen ist leichter, wenn man gut spielt, als wenn man schlecht spielt.«

»Acht Niederländer in einer Mannschaft sind wie eine Zeitbombe.«

Eusebio

25.1.1942, Sternzeichen: Wassermann

Eigentlich Ferreira da Silva, stammt aus der portugiesischen Kolonie Mosambik. **Sein Spitzname:** »schwarze Perle« oder »schwarzer Panther«. Afrikas erster Weltstar. Mit 19 Jahren entdeckten ihn Spielbeobachter vom Weltklasseverein Benfica Lissabon und nahmen ihn gleich mit nach Portugal. Dort wurde der enorm schnelle Stürmer mit seinen spektakulären Schüssen und tollen Dribblings bald zum Nationalhelden. 1966 führte Eusebio Portugal bei der WM in England auf Platz 3 und wurde selbst mit neun Treffern Torschützenkönig. Er spielte noch eine Weile in den USA, musste aber mit 32 Jahren seine Karriere wegen einer Knieverletzung beenden. Eusebio lebt heute in einfachen Verhältnissen in Lissabon.

Lothar Matthäus

21.3. 1961, Sternzeichen: Widder

Spitzname: »Loddar«. Wollte Raumausstatter werden, tatsächlich wurde er einer der besten Fußballer aller Zeiten. Europameister, Weltmeister, Weltfußballer und Rekordnationalspieler. Nahm von 1982 bis 1998 an fünf (!) Weltmeisterschaften teil, mit Bayern München wurde er sechs Mal Deutscher Meister, spielte in Italien und den USA. Jetzt arbeitet Matthäus als Trainer, vorwiegend im Ausland. Für den Fernsehsender RTL 2 betreute er in Deutschland einen Amateurverein, »Borussia Banana«. Lothar ist zum dritten Mal verheiratet, nach seiner Jugendliebe Sylvia (zwei Töchter) kam die Schweizer Fernsehmoderatorin Lolita (ein Sohn) und aktuell die Serbin Marianna, die drei Kinder mit in die Ehe gebracht hat. Lothar wird auch »Lautsprecher« genannt, weil er – auch ungefragt – nie mit seiner Meinung hinter dem Berg hält.

Mit Jürgen Klinsmann verbindet ihn seit gemeinsamen Bayernzeiten eine wohldosierte Abneigung. Damals veröffentliche er in seinem Buch »Mein Tagebuch« viele private Details seiner Mitspieler, was ihm einen weiteren Spitznamen eintrug: »Maulwurf«.

Matthäus taucht in jeder Zitatensammlung auf, legendär ist

seine Antrittspressekonferenz in New York, bei der er mit seinen englischen Sprachkenntnissen glänzte: »I look not back, I look in front.« Oder: »My English is not very good. My German is better.«

JUNGE LEGENDEN

Nun ist das nur eine kleine Auswahl von Fußballidolen, die allesamt ihre Spielerkarriere hinter sich haben. Werfen wir jetzt einen Blick auf die internationalen Stars von heute. Bei diesen dürfen Sie getrost in Begeisterungsstürme ausbrechen, ihre Fähigkeiten auf dem Platz haben Ihren Partner nämlich schon längst überzeugt.

David Beckham

2.5.1975, Sternzeichen: Stier

Nicht nur einer der bestaussehenden Männer der Welt, sondern ein ausgezeichneter Fußballer. Kapitän der englischen Nationalmannschaft, derzeit in Diensten von Real Madrid, die sich seine Künste ein Millionenvermögen kosten lassen.

Beckham ist Kult: Mit seinen Frisuren setzt er Trends, (seinen Irokesenschopf bei der WM 2002 haben die Kids in aller Welt kopiert), seine Klamotten stammen ausnahmslos von Edeldesignern wie Gucci oder Dolce & Gabbana, sein Fuhrpark umfasst nahezu alle Hersteller, seine Häuser können nicht groß genug sein (in England bewohnt er ein Schloss), und für seine Gesichtscreme gibt er schon mal 300 Euro aus. Beckham ist mit dem exzentrischen Ex-»Spice Girl« Victoria verheiratet und hat drei Söhne, alle nach dem Ort ihrer Zeugung benannt (Brooklyn Joseph, Romeo James und Cruz David).

Zinedine Zidane

23.6.1972, Sternzeichen: Krebs

Franzose und Sohn algerischer Einwanderer. Spitzname: »Zizou« oder »Der mit dem Ball tanzt«. Dreimal zum »Weltfußballer des Jahres« gewählt, was schon alles über seine Kunst am Ball aussagt. Zidane ist schüchtern, bescheiden und gilt als der Netteste unter den Superstars. Nachdem er bereits seinen Rücktritt aus der französischen Nationalmannschaft bekannt gegeben hatte, wird er jetzt doch an der WM teilnehmen. Ganz Frankreich ist erleichtert, hat das Team – ohne Zidane – doch beinahe die Qualifikation verpasst. Der Mann mit dem lichten Haarschopf ist verheiratet, hat drei Kinder und betreibt mit seinem Fußballkumpel Christophe Dugarry ein Lokal in Bordeaux.

Michael Ballack

26.9.1976, Sternzeichen: Waage

Ist derzeit der einzige deutsche Fußballer, der höchsten internationalen Ansprüchen genügt. Kapitän der Nationalmannschaft und unumstrittener Chef und Spielmacher. Der gebürtige Chemnitzer hat sich in den vergangenen Jahren enorm gesteigert. Einst als Schnösel und Schönling verpönt, ist er mittlerweile fast so etwas wie ein Popstar. Privat taucht er gerne mal ab und gibt sich in Bars als Student aus. Er ist zwar nicht verheiratet, hat aber drei Söhne mit Dauerfreundin Simone. Schon jetzt gehört er zu den Werbechampions, sein Spot für McDonald's ist Kult.

Robinho

25.1.1984, Sternzeichen: Wassermann

Ein Künstlername, eigentlich: Robson de Souza, Brasilianer. Spielt seit Sommer 2005 bei Real Madrid und ist dabei, das Erbe des legendären Pelé anzutreten, dessen größter Fan er ist. Robinho hat sich als 16-Jähriger zwei Tage nicht die Hände gewaschen, als er Pelés Hand schütteln durfte. Mit dem Ball an den Füßen ist er nicht zu stoppen, er verkörpert einen schönen, eleganten, ästhetischen Fußball. Hat als Kind einer Putzfrau und eines Klempners auf der Straße angefangen und immer barfuß gespielt.

Luis Figo

4.11.1972, Sternzeichen: Skorpion

Der Geniale! Portugiesischer Rekordnationalspieler und – objektiv – einer der schönsten Männer im Fußball-Dress. Figo war ein schmächtiges Kind und musste sich durchbeißen. Das Motto seines Jugendtrainers beherzigt er noch heute: »Wirklich große Spieler sind die, die ihre Teamkameraden glänzen lassen.« Figo gehört zu den besten Freistoßschützen und wird auch »König der Vorbereiter« genannt. In seiner Heimat ist er längst so legendär wie Eusebio. Er ist mit einem schwedischen Fotomodel verheiratet, hat drei Töchter und lebt ein ziemlich normales, skandalfreies Privatleben – für einen solchen Superstar eher ungewöhnlich.

Hernán Jorge Crespo

5.7.1975, Sternzeichen: Krebs

Argentinier und absoluter Frauentyp. Markenzeichen: lange braune Haare und einen Mund zum Küssen (angeblich schaut Frau da ja als Erstes hin!). Mit Crespo hat Argentinien nach Maradona endlich wieder einen Weltklassestürmer, auf dem alle WM-Hoffnungen ruhen. Er sei kein Naturtalent, sondern im Gegenteil ein harter Arbeiter, sagt Crespo über sich selbst. Als Junge wollte er Müllmann werden, aber sein Vater schenkte ihm einen Fußball und lenkte seine Berufswünsche somit in andere Bahnen. Im Gegensatz zu den meisten südamerikanischen Stars ist er kein Straßenfußballer aus dem Armenviertel, denn Crespo stammt aus einer Mittelstandsfamilie. Privat ist er – ebenso untypisch – still, geht selten aus und puzzelt für sein Leben gern.

Francesco Totti

27.9.1976, Sternzeichen: Waage

Noch ein Freund des langen gepflegten Haupthaars und ein waschechter Römer. Der heißblütige Italostürmer ist ein Frauenschwarm, benimmt sich jedoch öfter mal daneben. Bei der EM 2004 in Portugal spuckte er seine Gegenspieler aus Dänemark an und wurde für drei Spiele gesperrt. Ohne ihn schied Italien nach der Vorrunde aus. Tottis Verein ist der AS Rom, den er noch nie verlassen hat, er spielt dort seit 1992. Seine Hochzeit im Sommer 2005 mit dem Fernsehsternchen Ilary Blasi war ein Medienereignis, schon deshalb, weil sich so schön über den Namen seiner Angetrauten spotten lässt.

Rafael van der Vaart

11.2.1983, Sternzeichen: Wassermann

Hollands Jungstar und Symbol für eine neue Zeitrechnung im Nationalteam. Van der Vaart ist Jahrgang 1983, aber fußballerisch bereits ein alter Hase. Er stammt aus der berühmten Schule von Ajax Amsterdam, war schon zwei Mal Holländischer Meister und wurde mehrfach zum »Rookie of the Year« (Talent des Jahres) gekürt. Wie die meisten Fußballer hat van der Vaart jung geheiratet, seine Frau Sylvie moderiert auf MTV eine Musikshow, modelt und arbeitet als Schauspielerin. Die beiden sind in Holland mindestens so populär wie die Beckhams in England, die Hochzeit wurde sogar live im TV übertragen. Seit Sommer 2005 spielt van der Vaart beim Hamburger Sportverein, ein Heimvorteil, der ihm bei der WM zum Durchbruch verhelfen könnte.

TRAINER-LEGENDEN

Prinzipiell ist jeder Star nur so gut wie seine Mannschaft! Und damit die funktioniert, braucht es einen Kopf, und zwar den Trainer. Dieser lässt nicht nur laufen, spielen, schwitzen, er gibt auch die Richtung an, bestimmt die Aufstellung und trägt für alles die Verantwortung.

Sein Job ist zwar wahnsinnig begehrt, aber leider auch ein Schleudersitz, denn seine Halbwertzeit beträgt vielleicht zwei Jahre. Und er hat sich stark gewandelt: Heute sind die Übungsleiter der vergangenen Tage meistens Manager, Psychologen, Öffentlichkeitsarbeiter und Kindergärtner in Personalunion, kurz Multitalente – nicht mehr und nicht weniger!

Dennoch lebt der Fußball von den Geschichten, die eine Hand voll Männer geschrieben haben. Und ihr Name ist garantiert auch den Fußballfans ein Begriff, die zum Zeitpunkt ihrer Karriere noch friedlich in der Wiege schlummerten. Eine kleine Auswahl:

Otto Rehhagel – der König!

9.8.1938, Sternzeichen: Löwe

Hält mit 820 Spielen den Trainerrekord in der Bundesliga, die meisten davon für Werder Bremen. Wird grundsätzlich von seinen Spielern gesiezt, obwohl er sich als Vaterfigur sieht. Gemeinsam mit seiner Frau Beate begutachtet er auch immer Frau oder Freundin seiner Spieler und will sie am liebsten verheiratet sehen. Ist der Erfinder der »kontrollierten Offensive«, ein System, bei dem in erster Linie vorsichtig gespielt wird.

Otto ist eine nie versiegende Quelle berühmt gewordener Zitate:

»Wir spielen am besten, wenn der Gegner nicht da ist!«

»Die Entscheidungen, die ich treffe, sind immer richtig.«

»Jeder kann sagen, was ich will!«

Rinus Michels – der General!

9.2.1928 – 3.3.2005, Sternzeichen: Wassermann

Wurde mit der holländischen Nationalmannschaft 1974 weltberühmt. Zwar reichte es im Finale gegen Deutschland nur zum Vizeweltmeistertitel, doch die Art und Weise, wie Michels spielen ließ, begeisterte alle Fußballfans. Disziplin und Fantasie waren seine Zauberworte oder »Fußball total«. Michels machte nie viele Worte und regierte sein Team mit eiserner Hand. Schlugen seine Spieler mal über die Stränge und aßen zu viel, ließ er sie laufen, bis sie sprichwörtlich umfielen. 2005 verstarb er im Alter von 77 Jahren.

Ottmar Hitzfeld – der Gentleman!

12.1.1949, Sternzeichen Steinbock

Perfektes Outfit – perfekte Manieren! Trägt auch am Spielfeldrand nur edlen Zwirn, Anzüge und Mäntel und verliert nie die Haltung. Hitzfeld stellt sich den Journalisten auch nach Niederlagen, nach denen andere Kollegen lieber durch die Hintertür verschwinden. Populär als Meistertrainer von Borussia Dortmund und Bayern München, wo er ganze sechs Jahre arbeitete. Sollte 2004 als Nachfolger von Rudi Völler Bundestrainer werden, lehnte aber ab und nahm sich eine Auszeit. Einziger öffentlich gewordener Fauxpas: hatte nach einer Affäre mit einem brasilianischen Model eine Ehekrise, die er aber gemeinsam mit seiner Frau meisterte.

Giovanni Trapattoni – der Dirigent!

17.3.1939, Sternzeichen: Fische

Italiener und bekennender Fußballverrückter, siehe Einleitung. Ob Italien oder Portugal, im Ausland ist er ein unumstrittener Meistermacher, in der Bundesliga tut er sich schwer. Ob Bayern München oder VfB Stuttgart, für hiesige Kicker ist »Traps« offenbar schwer verdauliche Kost. Auf dem Platz ein Rumpelstilzchen mit schwer zu zügelndem Temperament, bevorzugt er im Spiel langweiligen Sicherheitsfußball. Legendär ist Trapattoni seit seiner »Wutrede« 1998, wo er einige Bayernspieler und hier besonders Thomas Strunz beschimpfte.

»Was erlauben Strunz?« ist ein geflügeltes Wort geworden, genau wie »Flasche leer«. Am Ende verabschiedete sich Trapattoni mit den ebenfalls viel zitierten Worten: »Ich habe fertig!«

Berti Vogts – der Bürokrat!

30.12.1946, Sternzeichen: Steinbock

Sein Vorname ist Hans-Hubert, den Rufnamen Berti hat er seit Spielerzeiten inne, als er einer der meist gefürchteten Verteidiger war, eben »der Terrier«. Von 1990 bis 1998 Bundestrainer, 1996 wurde er mit der deutschen Nationalmannschaft Europameister. Trotz großer Erfolge und unbestrittener Fußballkompetenz: Vogts war meist eher unbeliebt und immer wieder Zielscheibe von Journalistenspott und Häme. Ihm fehlen einfach der Charme, Witz und die Souveränität seines Vorgängers Franz Beckenbauer.

Seine Sprüche:

»Sex vor einem Spiel? Das können meine Jungs halten, wie sie wollen. Nur in der Halbzeit, da geht nichts.«

»Hass gehört nicht ins Stadion. Solche Gefühle soll man gemeinsam mit seiner Frau daheim im Wohnzimmer ausleben.«

César Luis Menotti – die Nikotinbombe!

5.11.1938, Sternzeichen: Skorpion

Was wäre Argentiniens Fußball ohne ihn! »El Flaco« (der Dürre), wie Menotti auch genannt wird, machte Argentinien 1978 erstmals zum Weltmeister. Auch die Jugendmannschaft trainierte er, unter seiner Leitung avancierte Diego Maradona zum Superstar. Für Menotti ist Fußball eine Kopfsache: durchdachte Spielzüge, schnelle Pässe und immer Tempo! Menotti ist Kettenraucher, er kann selbst auf der Trainerbank nicht vom Glimmstängel lassen, was im Profisport natürlich verpönt ist.

Felix Magath – der Schleifer!

26.7.1953, Sternzeichen: Löwe

Scheut sich nicht, die Fußballmillionäre des FC Bayern mit Medizinbällen die Treppen rauf und runter laufen zu lassen. Seinen Spitznamen »Quälix« versteht er gerne als ein anderes Wort für Qualität. Magath ist passionierter Schachspieler, Strategien zu entwickeln ist also seine Leidenschaft. In seiner Jugend hat er es nicht leicht gehabt, sein Vater, ein US-Soldat aus Puerto Rico, hat ihn und seine Mutter früh verlassen. Erst Jahre später hat er mit ihm Kontakt aufgenommen, und heute besucht er ihn regelmäßig in der Karibik. Magath ist zum zweiten Mal verheiratet und hat sechs Kinder, gerecht verteilt: drei aus erster, drei aus zweiter Ehe.

Christoph Daum – der Kokser!

24.10.1953, Sternzeichen: Skorpion

Ein beliebter, fachlich versierter und viel gepriesener Trainer, der sich mit der unseligen Kokain-Affäre im Jahr 2000 selbst ein Bein stellte. Daum sollte nach der Europameisterschaft Bundestrainer werden, bis man ihm mittels einer Haarprobe den Genuss von Kokain nachweisen konnte. In einem Verfahren wurde er zwar freigesprochen, doch als Trainer war er in Deutschland fortan untragbar. Daum ging er in die Türkei, wo er große Erfolge mit Fenerbahce Istanbul feiert. Sein Privatleben hat er völlig umgekrempelt, er ist in zweiter Ehe mit einer Musicalsängerin verheiratet und hat insgesamt vier Kinder.

Sprüche:

»Mir ist egal, ob es ein Brasilianer, Pole, Kroate, Nord- oder Süddeutscher ist. Die Leistung entscheidet, nicht irgendeine Blutgruppe.«

Lothar Matthäus nach der Kokain-Affäre über ihn:
»Jetzt muss er sehen, dass er sein Leben wieder auf Linie bringt!«

Jürgen Klinsmann – der Sonnyboy!

30.7.1964, Sternzeichen: Löwe

Schon als Spieler war er anders als die anderen. Der Sohn eines schwäbischen Bäckers lernte als Fußballprofi nebenbei Fremdsprachen und fuhr am liebsten mit einem alten VW-Käfer in den Urlaub. Statussymbole, wie seine Kollegen sie pflegten, interessierten ihn wenig. Nach seiner Karriere ging er nach Kalifornien, wo er mit seiner Frau und zwei Kindern lebt. Den Job des Bundestrainers bekam er, weil er mutig »Ja« sagte, als sich alle anderen Kandidaten nach dem Abgang von Rudi Völler zierten. Doch so blond, charmant und sympathisch der Schwabe daherkommt, so knallhart setzt er seine Vorstellungen um. Klinsmann trotzte dem DFB wichtige Entscheidungsfreiräume und neues Personal ab, und die Nationalmannschaft führt er wie ein internationales Unternehmen, E-Mails und Telefonkonferenzen inklusive. Da kommt nicht jeder alteingesessene Bundesligamanager mit, und aus München (Uli Hoeneß) und Gelsenkirchen (Rudi Assauer) hagelt es dementsprechend regelmäßig Kritik. Aber Klinsmann ist stur, er will Weltmeister werden, und dafür braucht er nicht nur spielfreudige Kicker, sondern auch Persönlichkeiten auf dem Platz. So studieren die Nationalspieler nebenbei ihre Fehler auf Videos und müssen Bücher lesen. Ein Lieblingstitel von Jürgen Klinsmann ist übrigens der amerikanische Bestseller von Napoleon Hill: »Denke nach und werde reich«.

SPIEL- UND SPASSECKE

Es gibt unzählige Sammlungen von Zitaten, Sprüchen und Anekdoten von und mit Fußballern. Viele sind nicht nur Kult, sondern mitunter sogar ein Muss in Sachen Allgemeinbildung (siehe auch »Die WM als ultimatives Ereignis«). Zum Schmunzeln jetzt eine kleine Auswahl unserer Lieblingsexponate:

Emotionen

»Da sind meine Gefühle mit mir Gassi gegangen.«
Jürgen Klinsmann

»Das nächste Spiel ist immer das nächste.«
Matthias Sammer

»Ich hatte noch nie Streit mit meiner Frau.
Bis auf das eine Mal, wo sie mit aufs Hochzeitsfoto wollte.«
Mehmet Scholl

»Jetzt sieht er aus wie ein frisch lackierter Totalschaden.«
Mario Basler über die Glatze eines Mitspielers

Und: *»Das habe ich ihm auch verbal gesagt.«*

»Irgendwelche Fragen, bevor ich gehe und mich aufhänge?«
Ein Trainer nach einer 0:7-Niederlage

»Mein Manager arbeitet Tag und Nacht. Er ist ein so genannter Alkoholic.«
Rudi Völler über Reiner Calmund

»Konzepte sind Kokolores.«
Ex-Bundestrainer Erich Ribbeck

»Ich brauche keinen Butler, ich habe eine junge Frau.«
Thomas Doll, geschieden

Ich habe viel von meinem Geld für Alkohol, Weiber und schnelle Autos ausgegeben … Den Rest habe ich einfach verprasst.
George Best, Fußball-Legende

Das größte Problem beim Fußball sind die Spieler. Wenn wir die abschaffen könnten, wäre alles gut.
Helmut Schulte, Ex-Trainer

Medizin

»Ich hab 'ne Oberschenkelzerrung im linken Fuß.«
Guido Buchwald

»Es ist ein Sehnenabriss am Schambeinknochen. Hört sich lustig an – ist aber trotzdem beim Fußball passiert.«
Thomas Strunz

»Die Sanitäter haben mir sofort eine Invasion gelegt.«
Fritz Walter jun.

»Wir haben genügend Potenz für die Bundesliga.«
Steffen Baumgart

»Ich hab gleich gemerkt, das ist ein Druckschmerz, wenn man draufdrückt.«
Lothar Matthäus

Klassiker oder: In der Schule nicht aufgepasst

»Mein Problem ist, dass ich immer sehr selbstkritisch bin. Auch mir selbst gegenüber.«
Andreas Möller

»Mailand oder Madrid – Hauptsache Italien!«
Andreas Möller

»Der Jürgen Klinsmann und ich, wir sind ein gutes Trio.«
Fritz Walter jun.

»Ich meinte: ein Quartett.«
Derselbe, etwas später

»Das Tor gehört zu 70 Prozent mir und zu 40 Prozent dem Wilmots.«
Ingo Anderbrügge

»Unsere Chancen stehen 70 zu 50.«
Thorsten Legat

»Was soll der Scheiß, ich kann kein Englisch.«
Francesco Totti auf die Frage eines Journalisten, was er als echter Römer von dem Motto »Carpe Diem« halte

Die WM als ultimatives Ereignis

Die Spannung steigt, die Vorboten sind längst da – Deutschland rüstet sich unübersehbar für das in Männerherzen größte Sportereignis der Welt. In 215 Ländern werden die Spiele zu sehen sein, nahezu jeder Mensch auf der Welt – statistisch gesehen – verfolgt mindestens ein Spiel am Fernsehapparat. Allein bei uns geben 40 Millionen Deutsche an, großes Interesse am Fußball zu haben. 40 Millionen! Und das sollen nur Männer sein? Bestimmt nicht, denn gerade die großen sportlichen Wettkämpfe, bei denen es um Ruhm, Ansehen und nationale Ehre geht, sind auch bei »Fußballnormalverbrauchern« sehr beliebt. Kein Laie und keine Frau, die sich dem kollektiven Fieber des »Wir müssen gewinnen!« entziehen könnte.

Damit Sie für dieses Großereignis gerüstet sind, machen wir zunächst einen kleinen Abstecher in die Welt der WM-Anekdoten. Folgende Geschichten haben nicht nur zu ihrer Zeit für Aufsehen gesorgt, sie sind auch heute noch ein wichtiger Bestandteil jeder soliden fußballerischen Allgemeinbildung.

DIE HIGHLIGHTS DER WM-GESCHICHTE

Das Wunder von Bern

4. Juli 1954 – Bern in der Schweiz. Deutschland darf zum ersten Mal nach dem Zweiten Weltkrieg wieder an einer Fußball-WM teilnehmen und steht überraschend im Endspiel. Gegner sind die haushohen Favoriten aus Ungarn, doch Deutschland gewinnt mit 3:2. Torschütze des entscheidenden Treffers ist Helmut Rahn. Legendär ist die Übertragung im Radio – das: »AUS! AUS! AUS!

Das Spiel ist aus! Deutschland ist Weltmeister!« des Kommentators Herbert Zimmermann verursacht noch heute Gänsehaut. Für die Deutschen ist diese WM noch immer ein Wunder und so etwas wie die »Mutter« aller Weltmeisterschaften, denn dieser Titel verhalf dem Land international wieder zu Achtung und Respekt. Und es ist die Geburtsstunde weiblicher Fußballbegeisterung: Viele Frauen verfolgten das Spiel im Stadion oder zu Hause am Radio und verliebten sich in die WM-Helden Fritz Walter, Helmut Rahn oder Toni Turek. Unsere Empfehlung: der Film »Das Wunder von Bern« von Sönke Wortmann, ein wunderbar gelungenes Stück Fußball- und Zeitgeschichte.

Wembley-Tor

Wieder ein WM-Endspiel, dieses Mal 1966 in England. Die Finalisten im Londoner Wembley-Stadion: Deutschland und England. Wir sind bereits in der 101. Minute: Der Engländer Geoffrey Hurst donnert den Ball gegen die Querlatte, von wo er auf die Linie springt. Tor oder nicht? Der sowjetische Schiedsrichter entscheidet auf Tor, England führt mit 3:2 und wird am Ende mit 4:2 Weltmeister. Viele Jahre beschäftigt dieses Tor die Gemüter, mit aufwändiger Technik wird es später rekonstruiert. Ergebnis: Es war *kein* Tor, da der Ball die Linie nicht in vollem Umfang überquert hat. Doch genützt hat es nichts, England behielt den Titel, und das Mutterland des Fußballs war zum ersten Mal Weltmeister.

Suppenkasper

1986 in Mexiko: Franz Beckenbauer ist Teamchef der deutschen Nationalmannschaft, es ist sein erster Job als Trainer, und das macht ihn angreifbar. Einige Spieler sind mit seiner Personalpolitik überhaupt nicht einverstanden, besonders Torwart Uli Stein. Er ist die offizielle Nummer zwei hinter Toni Schumacher, kann und will sich damit aber nicht abfinden. Während der gesamten Vorrunde meckert und stänkert er hinter den Kulissen, bis er schließlich zum Rundumschlag ausholt. Die Mannschaft wird von ihm als »Gurkentruppe« beschimpft, und Beckenbauer sei ihr »Suppenkasper« (in Anlehnung an Beckenbauers großen Werbeerfolg mit Knorr – Sie erinnern sich). Stein muss seine Sachen packen und nach Hause fahren – der erste Rausschmiss aus einem deutschen Nationalteam. Damit war Steins Karriere im DFB-Trikot beendet, auch wenn ihm Kaiser Franz diese Majestätsbeleidigung, die erste und einzige, mit der er je konfrontiert war, später verzieh.

»Die Hand Gottes« oder »Der Tag des Herrn«

Gemeint ist der 22. Juni 1986. Ein Tag, den jeder anständige englische Fußballfan noch heute verflucht. Aber auch der Tag des Diego Armando Maradona. Im WM-Viertelfinale nahm der ansonsten geniale Argentinier bei seinem Tor die Hand zu Hilfe. Der Schiri schlief, das Tor zählte und England schied aus. Auf diese folgenschwere Unsportlichkeit angesprochen, wies Maradona die Verantwortung weit von sich und schob sie besagter höherer Macht zu.

Stinkefinger

Acht Jahre später wieder ein deutscher Eklat, auch diesmal ausgelöst durch einen äußerst impulsiven Spieler. Wir schreiben das Jahr 1994, Berti Vogts ist Nachfolger von Franz Beckenbauer, und die Deutschen spielen bei der WM in Amerika. Im dritten Vorrundenspiel gegen Südkorea wird Stefan Effenberg nach einigen glücklosen Aktionen von den zahlreichen mitgereisten deutschen Fans ausgepfiffen. Bei seinem Abgang zeigt er mit erhobenem Mittelfinger, was er davon hält. Deutschland hatte seinen Skandal, und auch Effenberg musste vorzeitig abreisen. Eine weitere Karriere in der Nationalmannschaft war damit für ihn ausgeschlossen. Ohne »Effe« kam das Team allerdings nicht sehr weit: Deutschland flog im Viertelfinale gegen Bulgarien raus.

AUSSERDEM GUT ZU WISSEN …

La Ola

Die Welle – kommt aus dem Spanischen und ist Ausdruck grenzenloser Begeisterung. Im Uhrzeigersinn stehen die Stadionbesucher nacheinander auf, sodass eine Wellenbewegung entsteht.

Erfunden wurde die Publikumswelle natürlich in Amerika: Cheerleader »Crazy George Henderson« animierte 1981 so die Besucher eines Basketballturniers. Den internationalen Durchbruch erlebte »La Ola« 1986 bei der WM in Mexiko.

Richtig Eindruck können Sie übrigens machen, indem Sie lässig die folgende Bemerkung ins Gespräch einfließen lassen: Die Geschwindigkeit der Welle beträgt zwölf Meter oder 22 Stadionsitze pro Sekunde! Nun lassen Sie ihn mal rechnen …

Die A … karte

Hört sich derb an, hat aber einen handfesten Hintergrund! Der Schiedsrichter ist mit zwei Sorten von Karten ausgestattet (haben Sie ja bereits in den »Basics« erfahren).

Damit es nicht zu Verwechslungen kommt, bewahrt er die

gelbe in der Brusttasche und die rote in der Gesäßtasche auf. Zu einer schon fernen Zeit, als man beim TV noch schwarzweiß sah, konnte man auf diese Weise auch erkennen, welche Karte der Schiri nun zog. War es die rote, war es nun mal die Gesäß- oder eben A … karte!

Das Tor

So was Simples – denken Sie! Ein Tor ist 7,32 Meter breit und 2,44 Meter hoch. Genau. Ausgedacht hat sich das nicht irgendein betrunkener Fußballfunktionär, die Maße wurden in England festgelegt. Breite: 24 Fuß, Höhe: 8 Fuß – das klingt doch schon besser. Auf jeden Fall ein originelles Geburtstagsgeschenk. Sollten Sie Ihren Liebsten damit mal überraschen wollen, müssen Sie allerdings tief in die Tasche greifen. Ein Tor kostet, je nach Ausführung, zwischen 800 und 900 Euro.

Objekt der Begierde

Jeder Weltmeister darf sich mit einem besonderen Pokal schmücken: dem »Coupe Jules Rimet«. Von 1930 an wanderte er von Titelträger zu Titelträger, bis ihn Brasilien im Jahr 1970 das dritte Mal gewann und behalten durfte. Das kostete die FIFA richtig Geld, denn der Pott, 36 Zentimeter hoch und 4 970 Gramm schwer, ist aus reinem 18-karätigen Gold. Seitdem gibt es einen neuen Pokal und neue Regeln: Das Original bleibt im Besitz der FIFA, und darauf werden die Namen der Weltmeister mit einer Plakette verewigt. Bis zur WM 2038 ist noch Platz, dann ist der Pokal voll.

Prämie

Von wegen es geht nur um die Ehre! Jeder Nationalspieler kickt natürlich auch für Geld. Sollten die Deutschen im eigenen Land Weltmeister werden, bekommt jeder Spieler, auch die Reservisten, die Rekordprämie von 300 000 Euro. Für die Vizeweltmeisterschaft gibt es die Hälfte. Aber schon das Erreichen des Halbfinals bringt jedem 100 000 Euro, und das Viertelfinale spült noch 50 000 Euro in die Haushaltskasse. Kein schlechter Stundenlohn, dauert ein Spiel doch nur – wie Sie ja wissen – 90 Minuten!

Übrigens: Die Helden von Bern wurden mit Prämien um 2 000 Mark belohnt, gemeckert hat keiner. Das sah beim zweiten Titel 1974 schon anders aus. Da gab es 70 000 Mark und einen VW-Käfer. Gerd Müller, dem besten WM-Schützen aller Zeiten, war das zu wenig – er trat zurück.

Hitliste

Wer war der erste Weltmeister? Eine Frage, mit der Männer nur zu gern weibliche Fußball(un)tauglichkeit auf die Probe stellen. Hier die Antwort: Der erste Weltmeister kommt aus Uruguay, 1930. Nach der historisch bedingten Pause durch den Zweiten Weltkrieg wiederholten die Südamerikaner diesen Erfolg.

Die Titelträger auf einen Blick:

Land	Titel	Jahr
Brasilien	5	1958, 1962, 1970, 1994, 2002
Deutschland	3	1954, 1974, 1990
Italien	3	1934, 1938, 1982
Argentinien	2	1978, 1986
Uruguay	2	1930, 1950
England	1	1966
Frankreich	1	1998

Geschenktipp

Tausche Beckham gegen Ballack! Alle Jungs, egal welchen Alters, lieben das Spiel mit den Kickerstickern. Sammelalben sind zu jeder Weltmeisterschaft Kult. Also, machen Sie ihm eine Freude und schenken Sie ihm eines, am besten das Original aus Italien. Gibt es ab Frühjahr 2006 mit allen teilnehmenden Mannschaften und Spielern – also auch mit denen, die jetzt folgen.

DAS PERSONAL MIT DEM ADLER AUF DER BRUST

23 deutsche Nationalspieler haben die Ehre, ihr Land bei der WM zu vertreten. Alle, die es geschafft haben, in diesen Kreis zu kommen, sind selbstverständlich schon mal Helden – per se. Und doch bleiben sie Menschen mit einem Leben abseits des Grüns, mit Frauen, Kindern, Hobbys und persönlichen Macken. Und das ist Ihre Chance mitzureden! Wir empfehlen daher unbedingt die Lektüre der Minibiographien unseres Fußballpersonals. Natürlich sitzt die Hälfte von ihnen auf der Bank und kommt womöglich kein einziges Mal zum Einsatz. Denn wie jeder Trainer hat auch **Jürgen Klinsmann** seine bevorzugte Elf, also Spieler mit Stammplatz, die nur bei Verletzung oder akutem Unvermögen ausgewechselt werden.

Auch wenn heute noch nicht feststeht, wer beim Eröffnungsspiel auf dem Platz steht, schauen wir schon mal in den Kaffeesatz und wagen eine Aufstellung.

TOR

Oliver Kahn

15.6. 1969, Sternzeichen: Zwilling

Bayern München. Weltweit einer der Besten seines Fachs, lange Jahre die Nummer 1 der Deutschen, bis Jürgen Klinsmann die »Torwart-Rotation« (Kahn und Lehmann wechseln sich ab, damit sich keiner zu sicher fühlt, besonders nicht der Bayern-Keeper) erfand. Mit fast 37 Jahren (hat während der WM Geburtstag) nicht mehr der Frischeste, aber ein Besessener. Sein Motto: Niemals aufgeben, immer weiter! Spielt zum Ausgleich Golf, das aber genauso verbissen wie Fußball. Der Mann ist immer und überall ehrgeizig, was ihn mitunter viele Sympathien kostet. So hat er schon mal aus lauter Wut einen Gegenspieler in den Hals gebissen und einen anderen mit einem Kung-Fu-Tritt lahm gelegt. Beherrschte die Schlagzeilen, als er während der Schwangerschaft seiner Frau mit Discobekanntschaft Verena fremdging (siehe »Spielerfrauen« Seite 60). Haut auf dem Platz gerne mal einen derben Spruch raus: »Wir brauchen Spieler mit Eiern …« und Ähnliches. Olli – wie ihn die Fußballnation nennt – ist in München eine Institution, seinen Ferrari parkt er gerne im Halteverbot der Maximilianstraße – meistens ungestraft!

Alternativ:

Jens Lehmann

10.11.1969, Sternzeichen: Skorpion

Arsenal London. Dauer-Rivale von Kahn, auf dem Platz und in den Medien. Lehmann mokiert sich nicht nur über Kahns seltene Fehlgriffe, sondern auch über sein Privatleben.

Klinsmann steht auf ihn, weil er England-Fan ist. Lehmann polarisiert, viele halten ihn für einen arroganten Schnösel. Er selbst empfindet sich einfach als selbstbewusst. Wird sich möglicherweise nicht länger damit zufrieden geben, die Nummer 2 zu sein. Privat ist er mit Conny, der Ex-Freundin eines Dortmunder Mannschaftskollegen, verheiratet. Um zu entspannen, geht er am liebsten mit seinen Kindern Mats und Lasse Fahrrad fahren oder ins Kino.

Oder:

Timo Hildebrand

5.4.1979, Sternzeichen: Widder

VfB Stuttgart. Hinter Kahn und Lehmann ganz klar die Nummer 3, aber vielleicht auch lachender Dritter. Großes Talent, gehört zu den jungen Wilden und kann noch warten. Achtung: ein Fußballromantiker. Nicht Palmen oder Sonnenuntergänge findet Timo romantisch, sondern »... die Champions-League bei Kerzenschein«!

ABWEHR

(Viererkette von links nach rechts)

Philipp Lahm

11.11.1983, Sternzeichen: Skorpion

Bayern München. Kleiner Mann, ganz groß: Auf der linken Außenbahn gibt es keinen Besseren. Das weiß auch Jürgen Klinsmann und hielt dem nur 1,70 Meter großen Dauerrenner die Tür zum Team offen, obwohl er in der Vorbereitung wegen eines Kreuzbandrisses fehlte. Der »Retter auf Krücken«! Dabei kommt das 61-Kilo-Leichtgewicht gar nicht unbedingt wie ein Retter daher, schließlich könnte er in jeder Schülermannschaft mitkicken, ohne seinen Pass vorzeigen zu müssen. »Lahmy« gehört zu der seltenen Spezies der »Beidfüßer«, d. h., er kann mit rechts und links schießen, und das macht ihn für Klinsmann so wertvoll. Schlagfertig ist er auch noch. Auf die Frage, ob er denn zu Real Madrid wechsle, sagte er bierernst: »Ich habe einen Vor-Vor-Vorvertrag unterschrieben!«

Alternativ:

Marcell Jansen

4.11.1985, Sternzeichen: Skorpion

Borussia Mönchengladbach. Das Junghuhn auf der linken Außenbahn hat mal eben alle überholt, spielte sich in den letzten Vorbereitungsspielen in Klinsmanns Herz. Jansen ist ein echter bodenständiger Borusse, seit 1993 im Verein. Wenn Sie ihn persönlich kennen lernen wollen, müssen Sie … richtig, zum Fußball! Und zwar zum Kreisligisten Mönchengladbach Lürrip. Dort sitzt Marcell nämlich schon mal mit Eltern und Freunden im Vereinsheim und plaudert. Der 1,90-Meter-Riese ist noch eine vergleichsweise »bescheidene Partie«, aber das wird sich bald ändern: Die englischen Vereine Chelsea und Aston Villa und sogar Real Madrid haben bereits ein Auge auf ihn geworfen.

Robert Huth

18.8.1984, Sternzeichen: Löwe

FC Chelsea. Gerade mal 21 Jahre jung, blickt Robert Huth schon auf eine bewegte Fußballvergangenheit zurück. Im zarten Alter von 16 Jahren packte er seine Sachen und siedelte nach England um, der FC Chelsea nahm ihn unter Vertrag. Bei seinem Einstand musste er vor versammelter Mannschaft den DJ-Ötzi-Hit »Hey Baby« singen und wurde anschließend mit feuchten Servietten »getauft«. Die englischen Fans nennen ihn nur »The Berlin Wall«, und so sieht er auch aus. Ein Verteidiger wie aus dem Bilderbuch: 1,90 Meter groß und sehr robust. Leider zeigt Huth öfter mal technische Schwächen, macht die aber mit unermüdlichem Einsatz wieder wett. Bundestrainer Klinsmann ist von seinen Qualitäten so überzeugt, dass er an ihm festhält, auch wenn Huth in den Vorbereitungsspielen mehrmals patzte und sogar bei den Engländern nicht immer mitkicken darf.

Alternativ:

Christian Wörns

10.5.1972, Sternzeichen: Stier

Borussia Dortmund. Aus der viel kritisierten EM-Mannschaft übrig gebliebener, beinharter Manndecker. Soll als Oldie und erfahrener Spieler die Jungen unterstützen und führen. Doch die Konkurrenz ist mittlerweile groß, und es ist fraglich, ob Klinsmann ihn einsetzt. Wörns ist ein Familienmensch. Als bei seiner Frau während eines Champions-League-Spiels des BvB in der Ukraine die Wehen einsetzten, charterte er kurzerhand ein Privatflugzeug und flog heim. Das Kind kam allerdings erst einige Tage später zur Welt. Wörns ist nicht unbedingt ein begnadeter Fußballer, er rackert sich ab und ist oft der Sündenbock, wenn Deutschland verliert. Sie erkennen ihn gut an seiner sopranhohen Stimme.

Per Mertesacker

29.9.1984, Sternzeichen: Waage

Hannover 96. Ein Musterbeispiel für Klinsmanns junge Wilde. Nach nur 20 Bundesligaspielen fand sich der schüchterne Per plötzlich in der Nationalmannschaft wieder. Erster Einsatz im Oktober 2004. Mit 1,98 Meter und 90 Kilogramm der ideale Abwehrspieler. Zweikampf- und kopfballstark und erstaunlich abgeklärt: Per macht kaum

Fehler. Trotz Fußball baute er sein Abitur: Notendurchschnitt 2,8. Nebenbei leistete er Zivildienst in einer geschlossenen Anstalt für geistig Behinderte. Per wohnt noch zu Hause in seinem Jugendzimmer mit Singlebett. Kommt seine Freundin zu Besuch, geht es ab in Mutters Bügelkeller, dort steht ein Klappsofa für zwei Personen.

Alternativ:

Christoph Metzelder

5.11.1980, Sternzeichen: Skorpion

Borussia Dortmund. Mann mit WM-Erfahrung: »Metze« wurde 2002 schon Vizeweltmeister – so einer hält die Abwehr zusammen. Leider warf ihn eine Verletzung zurück. Doch Klinsmann reaktivierte ihn, als bei der WM-Vorbereitung in der Abwehr der Notstand ausbrach. Zum Fußball kam Metzelder durch Zufall. Als Kind fand er auf der Straße ein Fußballstickerbild – seine Leichtathletiklaufbahn hängte er daraufhin an den Nagel. »Metze« privat: Abitur mit 1,8, und beim Papst hatte der gläubige Christ auch schon eine Audienz. Lebt bescheiden auf 42 Dortmunder Quadratmeter, zusammen mit Ikea, und kann sogar kochen.

Arne Friedrich

29.5.1979, Sternzeichen: Zwilling

Hertha BSC Berlin. Der Liebling aller Schwiegermütter: gut aussehend, zurückhaltend, gebildet und seriös im Auftritt. Engagiert sich bei einer Kampagne des Mukoviszidose e.V. Wurde eher durch Zufall in der dritten Liga entdeckt und in Rekordzeit Nationalspieler. Ist schon lange mit Freundin

Lynn, einer Studentin, zusammen, die nach langem Zögern der Verlockung anheim fiel und sich nackt für die Zeitschrift »Maxime« ablichten ließ. Es ist davon auszugehen, dass Friedrich nicht unbedingt begeistert war, denn der Ostwestfale hasst Schlagzeilen und medienträchtige Auftritte.

Alternativ:

Andreas Hinkel

26.3.1982, Sternzeichen: Widder

VfB Stuttgart. Mann mit Prinzipien: Nach der mittleren Reife hat er eine Ausbildung zum Groß- und Außenhandelskaufmann in einem Feinkostladen gemacht. Erst danach wurde die rechte Außenbahn seine Heimat. Von ihm kann man jederzeit ein fundiertes Interview erwarten – allerdings in reinstem Schwäbisch. Seine Lieblingsfächer in der Schule waren Geschichte und Mathematik, er hat schon ein Kinderbuch geschrieben und befasst sich gern mit Philosophie. Auch haben es ihm Lebensweisheiten angetan, zum Beispiel die von Konfuzius: »Ein vornehmer Mensch tadelt sich selbst, ein gewöhnlicher die anderen.«

Oder:

Patrick Owomoyela

5.11. 1979, Sternzeichen: Skorpion

Werder Bremen. Neben Gerald Asamoah der zweite Dunkelhäutige im Team. Fragen Sie niemals, wie lange er schon in Deutschland lebt, denn Owomoyela hat zwar einen nigerianischen Vater, ist aber ein waschechter »Hamburger Jung« – so spricht er übrigens auch. Spitzname »Shaggy«, nach dem gleichnamigen Musiker (der mit dem Hit »Boombastic«). Hat eine rasante Karriere hingelegt, vor drei Jahren noch in der Regionalliga, jetzt Nationalspieler. Machte vor seiner Profizeit Musik in einer Band und trat sogar bei Stefan Raab auf. Owomoyela hätte auch gut und gerne Basketballprofi werden können, bis vor kurzem spielte er sogar noch in der Regionalliga mit.

MITTELFELD

Thorsten Frings

22.11.1976, Sternzeichen: Skorpion

Werder Bremen. Spitzname: »Lutscher«, weil er so an seinen Gegenspielern klebt (gefällt ihm aber ganz und gar nicht). Ein Allrounder, der fast überall spielen kann, ist aber als Taktiker im Mittelfeld am besten aufgehoben. Gilt bereits als »alter Hase« in der Nationalmannschaft, seit 2002 dabei. Sie erkennen ihn an einer auffälligen Narbe auf der Wange, die er noch aus Kinderzeiten hat, als er mal einen heißen Gummireifen ins Gesicht bekam. Frings ist abergläubisch, so hat er sich die Namen seiner beiden Töchter (Lisa-Katharina und Lena) in die Fußballschuhe sticken lassen, damit sie ihm Glück bringen. Ist ein Auto-Freak und einer der ersten Fußballprofis in Deutschland, die einen »Hummer« fahren, diesen panzerähnlichen amerikanischen Geländewagen. Sorgte vor dem WM-Finale 2002 (Brasilien – Deutschland) mit einer ganz eigenen Taktik für Heiterkeit: »Am besten grätschen wir die Brasilianer schon bei der Hymne weg!« Hat bekanntlich nicht so richtig geklappt.

Bastian Schweinsteiger

1.8.1984, Sternzeichen: Löwe

Bayern München. Spitzname »Schweini« oder »Basti«. Trotz seiner Jugend schon zweimal Deutscher Meister und DFB-Pokalsieger. Die Bayern sind richtig stolz auf ihren Youngster mit mittlerer Reife, stammt er doch aus der eigenen Jugendabteilung und musste nicht für viel Geld gekauft werden. »Schweinis« Blitzkarriere: Vor zwei Jahren nur Insidern ein Begriff, kennt ihn jetzt ganz Europa und bald vielleicht auch die Welt. Er hat das Zeug zum WM-Star, wenn er zeigt, was er kann. Ob links oder rechts, selbstbewusst und schlitzohrig wirbelt er über den Platz und sorgt mit Freund Lukas Podolski (»Poldi«) für frischen Wind im Klinsmann-Team. Dabei wäre er beinahe gar kein Fußballprofi geworden. Mit gerade mal drei Jahren fuhr er schon begeistert Ski, nahm an Slalom-Wettbewerben teil und wäre um ein Haar in den Kinderkader der Ski-Nationalmannschaft gerutscht. Übrigens: Kochen kann »Schweini« auch – wenigstens ein bisschen, und zwar Milchreis und Spaghetti Bolognese.

Alternativ:

Bernd Schneider

17.11.1973, Sternzeichen: Skorpion

Bayer Leverkusen. Seine Kollegen nennen ihn »Schnix«. Der Oldie unter den Feldspielern. Am Ball macht ihm kaum einer etwas vor. »Schnix« ist heimatverbunden und liebt Traditionen: Wenn Schneider seine Eltern in Jena besucht, hält er immer an der gleichen Autobahnraststätte an und isst eine Bratwurst – eine Thüringer natürlich. Sein Traum: der WM-Titel 2006 und eine Kreuzfahrt.

Michael Ballack

26.9.1976, Sternzeichen: Waage

Bayern München. Der Kapitän, die Nummer 10. Führungsspieler, Alphatier, Modellathlet. Einer, auf den es ankommt. Neben Oliver Kahn ist er im deutschen Team der Einzige von Weltformat. Hat viele Kritiker Lügen gestraft. Angeblich zu schön, zu satt und zu wenig charakterstark. Heute unumstrittener Chef der Mannschaft (siehe »Fußball-Legenden« Seite 70). Ballack ist privat eher unkonventionell, liebt seit ewigen Zeiten Freundin Simone und hat drei Söhne mit ihr, aber keinen Trauschein. Sein Lebensmotto: Alles nicht so ernst nehmen.

Alternativ:
Eigentlich niemand, aber wenn, dann

Tim Borowski

2.5.1980, Sternzeichen: Stier

Werder Bremen. Genannt »Boro«. Würde sich in jedem Modejournal gut machen: 1,94 Meter groß, blond und als Modellathlet ähnlich perfekt wie Michael Ballack. Kommt übrigens auch aus dem Osten, wo er eine Ausbildung als Automobil-Kaufmann begann, bevor er nach dem Mauerfall im Fußballinternat von Werder Bremen landete. Borowski ist noch nicht unbedingt der große Chef, kann es aber vielleicht mal werden. Auf jeden Fall ein Hingucker!

Sebastian Deisler

5.1.1980, Sternzeichen: Steinbock

Bayern München. Spitzname: einst »Basti Fantasti«, aber den will er nicht mehr hören. Wurde schon mit 19 Jahren zum Hoffnungsträger des deutschen Fußballs hochstilisiert, erlebte mit 23 seinen Karriereknick. Nachdem ihn immer wieder Knieverletzungen zurückgeworfen hatten, erkrankte Deisler 2003 an Depressionen. Er bekannte sich öffentlich zu seinem Leiden und wagte sich damit an ein Tabuthema im Sport. Monatelang war Deisler von der Bildfläche verschwunden, bis er bei seinem Verein, dem FC Bayern München, ein Comeback wagte. Auch Bundestrainer Klinsmann hat Deisler die Rückkehr ins deutsche Nationalteam immer offen gehalten.

Aus dem unbekümmerten, fußballbegeisterten Jungen ist ein ernsthafter Profi geworden, dem sein Leben mit Freundin Eunice, einer Brasilianerin, und dem gemeinsamen Sohn (geb. 2004, kurz nach seinem Klinikaufenthalt) wichtiger geworden ist als Fußball.

Alternativ:

Fabian Ernst

30.5.1979, Sternzeichen: Zwilling

Schalke 04. Auch einer von den Schlauen, hat Abitur, ist allerdings medienscheu und maulfaul. Hat mal einen Besuch im »Aktuellen Sportstudio« abgesagt, weil er angeblich lieber Backgammon spielen wollte – dabei hatte er nur Lampenfieber. Wollte als Kind Archäologe oder Astronaut werden, entschied sich dann aber fürs Fußballspielen. Ernst ist ein richtiges Nordlicht: Aufgewachsen in

Hannover, wechselte er zu Werder Bremen, wo er Nationalspieler wurde. Hat seine Stärken im defensiven Mittelfeld, wehrt Angriffe des Gegners gut ab, kann Konter aufbauen.

STURM

Kevin Kuranyi

2.3.1982, Sternzeichen: Fisch

Schalke 04. Der Südländer. Kuranyi hat drei (!) Staatsbürgerschaften: deutsch (Vater), panamaisch (Mutter) und brasilianisch (sein Geburtsland). Der Name Kuranyi kommt aus dem Ungarischen. Kevins Großvater ist Ungar. Entsprechend explosiv und leidenschaftlich ist der Mann. Neben seinen Qualitäten als Topstürmer ist er ein ausgezeichneter Salsa-Tänzer und ein Frauentyp, immer cool und hip gekleidet. Liebt Klamotten über alles. Ein Traumberuf wäre für ihn auch Fotomodell oder Dressman, seit er mal auf einer Wohltätigkeitsveranstaltung mit »Miss Deutschland« Shermine Shanivar gelaufen ist.

Dennoch: Die Sache mit den Mädels war anfangs gar nicht so einfach. Kuranyi, damals in der B-Jugend beim VfB Stuttgart, lernte seine Frau Vicky im Hallenbad kennen. Sie gab ihm jedoch eine falsche Telefonnummer, weil sie mit einem Mannschaftskollegen befreundet war. Doch Kevin ließ nicht locker und fragte direkt beim Nebenbuhler nach. Heute sind er und Vicky verheiratet, haben einen Sohn, und Vicky achtet sehr genau darauf, dass ihr Kevin nicht mit fremden Frauen um die Häuser zieht.

Alternativ:

Lukas »Poldi« Podolski

4.6.1985, Sternzeichen: Zwilling

Der Liebling der Fußballnation. In seiner ersten Profisaison beim 1. FC Köln (2003/04) schoss er mit 18 Jahren zehn Tore. Seitdem sind sie im Rheinland verrückt nach ihm, nennen ihn nur »Prinz Poldi«. Lukas ist gebürtiger Pole und mit seiner Heimat fest verwurzelt. Er spricht am liebsten Polnisch, isst am liebsten polnisch und hört ausschließlich polnische Musik. In der Nationalmannschaft teilt er sich das Zimmer mit Bastian Schweinsteiger. »Schweini« und »Poldi« – ein Duo, das Sie sich unbedingt merken müssen!

Miroslav Klose

9.6.1978, Sternzeichen: Zwilling

Werder Bremen. Ebenfalls ein Pole, dessen Karriere genetisch vorbestimmt war: Kloses Vater war Fußballprofi, seine Mutter Handball-Nationalspielerin in Polen. Als einer der wenigen hat »Miro« einen richtigen Beruf erlernt: Er ist Zimmermann. Über Frankreich kam die Familie nach Deutschland in die Pfalz. Klose hatte zunächst Schwierigkeiten, Deutsch zu lernen, spielte stattdessen lieber Fußball bei den Amateuren des 1. FC Kaiserslautern. Dort nahm er seine Karriere selbst in die Hand und fragte Otto Rehhagel einfach, ob er nicht bei den Profis mittrainieren dürfe. Er durfte und wurde Stammspieler. Klose hätte für Polen spielen können, doch da er die doppelte Staatsbürgerschaft hat, entschied er sich für Deutschland. Keiner im Team bekommt so bilderbuchreife Kopfbälle hin, und keiner schlägt so perfekte Jubelsalti wie er. Seine Frau

Sylwia hat nicht nur im Fanshop des FCK seine Trikots verkauft und für den Katalog gemodelt, sie hat ihm auch in der Klamottenfrage Nachhilfe gegeben. Trug Klose früher mit Vorliebe Adiletten zum Anzug, ist er heute stilsicherer. Die beiden haben seit einiger Zeit Zwillinge.

Alternativ:

Gerald Asamoah

3.10.1978, Sternzeichen: Waage

Schalke 04. Gebürtiger Ghanaer mit deutschem Pass. Spitzname: »Blondie«. Der Scherzkeks im Team, immer gut drauf und mit einem flotten Spruch auf den Lippen. Dabei stand es 1998 gar nicht gut um ihn: Ärzte diagnostizierten einen Herzfehler, lange Zeit sah es so aus, als müsse er seine Karriere beenden. Doch Asamoah erholte sich und konnte weiterspielen. In der ersten Zeit musste als Vorsichtsmaßnahme immer ein Defibrillator am Spielfeldrand bereitliegen. Asamoah ist sehr gläubig, seiner Meinung nach verdankt er allein Gott seine Genesung.

Oder:

Oliver Neuville

1.5.1973, Sternzeichen: Stier

Borussia Mönchengladbach. Spitzname: »Jacques«, nach dem Rennfahrer Jacques Villeneuve. Als Leichtgewicht (1,71 Meter, 64 Kilogramm) ist er nämlich enorm schnell. Der Oldie im Sturm, schon seit 1998 in der Nationalmannschaft, wurde 2002 Vizeweltmeister. Eigentlich ist Neuville Schweizer, er ist dort geboren, hat eine italienische Mutter und einen deutschen Vater; er entschied sich aber für die deutsche Nationalelf. Sein Albtraum: Bundeskanzler werden. Bei der WM 2002 in Japan hat er nämlich Ex-Bundeskanzler Schröder auf dem Herrenklo getroffen, in Begleitung von sieben Bodyguards. »So etwas ist doch kein Leben!« – davon ist Neuville seitdem überzeugt.

DIE TEILNEHMER DER FUSSBALLFESTSPIELE VOM 9. JUNI BIS 9. JULI 2006

Bei einer WM kann man nicht so einfach auflaufen, da muss man zunächst durch die harten Mühlen der Qualifikation. 197 Teams wollten dabei sein, ran dürfen nur 32.

In einigen Ländern kam das Ausscheiden einer nationalen Katastrophe gleich, siehe Beispiel Türkei. Die Jungs vom Bosporus unterlagen den Schweizer Eidgenossen und entpuppten sich als echte Spielverderber: Nach dem Schlusspfiff gab es eine wilde Prügelei.

Ein Drama auch in Kamerun. Im Spiel gegen Ägypten verschoss Pierre Womé in letzter Minute einen Elfmeter, und Kamerun war raus! Aufgebrachte Fans verwüsteten daraufhin Womés Haus und demolierten sein Auto. So kann es Fußballhelden eben leider auch ergehen.

Und diese Nationen sind dabei:

Angola

Absoluter Außenseiter, aber die »schwarzen Antilopen« (nach dem Wappentier Angolas) haben in der Qualifikation alle überrascht. Selbst Afrika-Favorit Nigeria ist an ihnen gescheitert.

Wichtig und sehenswert: Stürmer **Pedro Mantorras.**

Argentinien

Eine der traditionsreichsten Fußballnationen der Welt. Auch wenn der letzte WM-Titel 20 Jahre zurückliegt, die »Gouchos« gehören mit zu den Favoriten. Garantiert das langhaarigste Ensemble der WM.

> **Wichtig und sehenswert**: Stürmer **Hernán Crespo** und **Lionel Messi.** Der gilt weltweit als größtes Offensivtalent und ist beim FC Barcelona unter Vertrag, seit er 13 ist.

Australien

Eigentlich lieben es die »Aussies« eher rustikal: Sie stehen auf Rugby und Australian Football. Doch so eine Fußball-WM spornt an, und so sind sie nach 32 Jahren endlich auch mal wieder dabei. Zu verdanken haben sie das einem Holländer: Guus Hiddink. Er formte aus einem undisziplinierten Haufen eine richtige Mannschaft. Dabei ist sein Job als australischer Nationalcoach für Hiddink nur eine Nebenbeschäftigung, denn eigentlich trainiert er in seiner Heimat den PSV Eindhoven! Bei der WM 2002 schaffte Hiddink als Nationaltrainer Südkoreas schon einmal ein Wunder: Die Asiaten kamen bis ins Halbfinale.

> **Wichtig und sehenswert**: Torwart **Mark Schwarzer** – er hat deutsche Vorfahren und ist ein Elfmeterkiller. Und Weltrekordhalter **Archie Thompson**: Er erzielte 2001 in einem WM-Qualifikationsspiel 13 Tore. Am Ende stand es gegen Amerikanisch-Samoa 31:0 – auch das ein Weltrekord.

Brasilien

Amtierender Weltmeister und das Team mit den meisten Superstars. Eigentlich kann sich die »Selecao« nur selbst schlagen. Ob Kaka, Lucio oder Cafu, die Weltfußballer Ronaldinho und Ronaldo oder Jungstar Robinho: Hier ist jeder Spieler eine Berühmtheit. Einziges Problem: Man verwechselt schon mal ihre Namen, weil sie so ähnlich klingen. WM-Favorit. Aber werfen Sie ruhig mal lässig ins Gespräch ein, dass die Brasilianer nur EINEN ihrer fünf Titel in Europa holten, nämlich 1958 in Schweden. Vielleicht liegt es am Wetter ...

Wichtig und sehenswert: absolut **ALLE!**

Costa Rica

Bedeutet »reiche Küste«, weshalb das Land auch schon mal als Schweiz Mittelamerikas bezeichnet wird. Die »Ticos« verloren in der Qualifikation ihren Stürmer Whayne Wilson, er starb bei einem Verkehrsunfall.

Wichtig und sehenswert: Paulo Wanchope, der einzige wirkliche Star. Rekordtorschütze mit 43 Toren in 67 Länderspielen.

Deutschland

Ausrichter. Somit mussten wir (bei der WM ist man doch Patriot, also darf man ruhig »wir« sagen) uns nicht qualifizieren. Wo das Team steht, wird sich am 9.Juni 2006 zeigen. Alles ist möglich, vom Ausscheiden in der Vorrunde bis zum WM-Titel. Gut zu wissen: Die Deutschen sind eine »Turniermannschaft«: Meist haben wir Startschwierigkeiten, steigern uns aber im Verlauf eines Turniers. Dreimal gelang uns das sogar schon bis hin zum Titel: 1954, 1974 und 1990.

Wichtig und sehenswert: selbstverständlich **jeder Einzelne**!

Ecuador

Sind auf 2.850 Metern Höhe zu Hause, und dort schlägt die »Tricolor« auch schon mal so Große wie Argentinien und Brasilien. Für die WM haben sie in einer Militärschule trainiert, wegen der Disziplin und Ordnung.

Wichtig und sehenswert: die beiden Topstürmer und Volkshelden **Mendez** und **Delgado.**

Elfenbeinküste

Noch ein David unter lauter Goliaths. Aber die »Elefanten«, wie sie sich selbst nennen, haben in der Qualifikation die »Löwen« von Kamerun besiegt und im afrikanischen Fußball eine neue Ära eingeleitet. Aus einer »Jugendmannschaft« mit lauter 17- und 18-Jährigen ist ein tolles Team geworden, das auf jeden Fall für die ein oder andere Überraschung gut ist.

> **Wichtig und sehenswert:** **alle**, die Mannschaft ist der Star!

England

Kick and rush (der Ball wird ohne taktisches Geplänkel nach vorne geschlagen, und alle rennen hinterher) oder Dynamik und Leidenschaft zeichnen die harten Jungs von der Insel aus. Ihr Kapitän David Beckham ist nicht nur der schönste, sondern auch der reichste im Team. Seine Werbeverträge bringen ihm etwa dreimal so viel ein wie die sieben Millionen Euro Jahresgehalt von Real Madrid. Wenn Sie nach Ihrem Geheimfavoriten befragt werden, tippen Sie auf England – die Mannschaft kann was!

> **Wichtig und sehenswert:** Ausnahmestürmer **Wayne Rooney**, der noch ein bisschen grün hinter den Ohren ist (er gab etwa im Warteraum eines Liverpooler Bordells Autogramme und hatte danach bei seiner Verlobten einigen Erklärungsnotstand), und natürlich das ewige Supertalent **Michael Owen**.

Frankreich

Als der dreimalige Weltfußballer Zinedine Zidane im Jahr 2004 seinen Rücktritt von der »Equipe Tricolore« verkündete, löste das eine Schockwelle im Land aus. Er war derjenige, der Frankreich 1998 zu seinem ersten WM-Titel verholfen hatte. Der öffentliche Druck war so groß und die Leistungen der neuen Mannschaft so schlecht, dass Zidane zurückkehrte. Und mit ihm noch zwei weitere Stars von gestern: Nicolas Anelka und Claude Makelele.

Wichtig und sehenswert: natürlich der schöne und unnachahmlich elegante **Thierry Henry**.

Ghana

40 Jahre haben die »Black Stars« vergeblich um den Einzug in die Endrunde gekämpft. Jetzt hat es geklappt, und das ganze Land steht Kopf vor Begeisterung. Noch einen freut das sehr, und zwar Deutschlands Ghana-Import Gerald Asamoah. Ob er wohl auf seine Landsleute trifft?

Wichtig und sehenswert: **Stephen Appiah** und **Michael Essien**, die im Mittelfeld die Fäden ziehen.

Holland

Geliebter Feind oder »Wir gönnen ihnen nichts, aber ohne sie fehlt uns etwas«. Sticheleien und Witze sind an der Tagesordnung, hüben wie drüben (»Nulpen aus Amsterdam« – die Liste lässt sich unendlich fortführen). Immerhin sorgen einige Holländer durch ihr Engagement in der Bundesliga für Völkerverständigung: Rafael van der Vaart (HSV) oder Roy Makaay (Bayern München) beispielsweise.

Wichtig und sehenswert: die schnellen Stürmer **Arjen Robben** und **Ruud van Nistelrooy** sowie immer noch Rastamann **Edgar Davids**, der Typ mit der Matte und Sportbrille.

Iran

Eine Reihe von Nationalspielern hat das Fußballspielen noch auf der Straße gelernt, deshalb sind sie technisch sehr stark, werden aber immer unterschätzt. Viele Iraner spielen in der Bundesliga. Auch der Teamkapitän ist ein alter Bekannter: Ali Daei, der bei Bayern München, Bielefeld und Berlin spielte.

Wichtig und sehenswert: **Mohammad Ali Karimi**, der »Maradona Asiens«. Er ist »Gastarbeiter« beim FC Bayern München. Man trifft ihn hin und wieder im iranischen Restaurant »Pars«. Karimi ist strikter Antialkoholiker und nimmt auch nicht an den Fotosessions der Bayern für Werbepartner Paulaner teil.

Italien

Ist immer ein Lieblingsgegner der Deutschen. Das liegt auch an der Sehnsucht fast aller Profis, einmal für einen italienischen Verein zu spielen. Hohe Lebensqualität, hohes Gehalt. Umgekehrt spielt kaum ein Profi der aktuellen »Squadra Azzura« im Ausland. Es sei denn, es locken die Königlichen aus Madrid oder das Steuerparadies Monaco.

Wichtig und sehenswert: **Paolo Maldini**, **Alessandro Del Pierro** und natürlich **Francesco Totti** – allein schon wegen seines Masochismus: »Mit schönen Frauen ist es wie mit Fußball: Man freut sich auf ein herrliches Wochenende und wird maßlos enttäuscht.« (Totti ist übrigens mit einem TV-Sternchen verheiratet.)

Japan

Während der WM wird das Team in der Beethoven-Stadt Bonn Quartier beziehen, auch weil man in Japan die Musik des deutschen Komponisten liebt. Beide Länder pflegen schon lange intensive kulturelle Beziehungen. Erster deutscher Fußballprofi in Japan war der Ex-Kölner Pierre »Litti« Littbarski. Die Nippon-Fans sind wohl die saubersten des Erdballs, denn nach Spielende sammeln sie ihren Müll in mitgebrachten Säcken wieder ein.

Wichtig und sehenswert: Hier ist vor allem der Trainer der Star! Der Brasilianer **Zico**, einst Nachfolger von Pelé, hat das Team für die WM fit gemacht.

Korea (Südkorea)

Südkorea feiert in diesem Jahr ein Jubiläum: Seit 100 Jahren wird in dem Land offiziell Fußball gespielt. Die bisher größte Stunde schlug 2002, als die »Roten Teufel« bei der WM im eigenen Land bis ins Halbfinale kamen. Der Pionier der Koreaner in der Bundesliga war Bum-Cun Cha: Er spielte in Frankfurt und Leverkusen und hatte noch Jahre später viele Fans, die ehrfürchtig von seinen Toren sprachen.

Wichtig und sehenswert: **Dick Advocaat**, Koreas Trainer. Er ist nämlich Holländer wie sein Vorgänger Guus Hiddink.

Kroatien

Ein Geheimtipp! Ungeschlagen in der Qualifikation, ist das Team gespickt mit Spielern aus der Bundesliga – die haben quasi Heimvorteil. Ob Münchens Robert Kovac oder Bremens Ivan Klasnic, es sind alles hervorragende Fußball-Routiniers mit starken Nerven.

Wichtig und sehenswert: Kroatien ist im modischen Trikoteinerlei kaum zu übersehen, denn sie spielen meisten in rotweiß karierten Jerseys mit blauen Hosen.

Mexiko

Tequila und Siesta, die Mittelamerikaner strahlen immer eine ungeheure Lässigkeit aus. Dazu passt, dass ihr Trainer La Volpe schon mal mit Zigarette und einer Tasse Kaffee in der Hand auf dem Übungsplatz erscheint. Doch die »Tri«, so nennen die Mexikaner ihr Team, sind extrem diszipliniert. Anders wären sie wohl kaum zum zwölften Mal bei einer WM dabei.

Wichtig und sehenswert: Kapitän **Rafael Márquez** – er verdient sein Geld beim FC Barcelona.

Paraguay

In diesem Land bringt man es entweder mit Baumwolle und Soja zu etwas oder mit Fußball. Die »Albiriojas«, die Rotweißen, sind ausdauernd, kampfstark und wenig verletzungsanfällig. Vielleicht liegt es am Matetee, dem auch Bayern-Stürmer Roque Santa Cruz schon mal Zauberkräfte andichtet.

Wichtig und sehenswert: die Bundesliga-Importe **Roque Santa Cruz** und **Nelson Valdez** (Werder Bremen).

Polen

Unsere Nachbarn haben uns bei der WM 1974 ordentlich zugesetzt. Ihr Liebster wird sich bestimmt noch an die »Wasserschlacht« in Frankfurt mit einem überragenden Torwart Sepp Maier erinnern. Deutschland gewann 1:0 und wurde am Ende Weltmeister. Die Polen wurden WM-Dritter, was ihnen auch 1982 noch einmal gelang.

Wichtig und sehenswert: **Euzebiusz Smolarek**, spielt in der Bundesliga bei Borussia Dortmund.

Portugal

Der verlorene Sohn, die Lichtgestalt im portugiesischen Spiel ist zurück: Luis Figo hatte sich eigentlich schon von der Nationalmannschaft verabschiedet (immerhin ist der Mann 34), aber ohne ihn lief nicht viel. Mit dem Weltfußballer des Jahres 2001 kehrte nicht nur die Hoffnung zurück, sondern auch der Erfolg, und dafür quält er sich gerne noch mal. Nach der WM in Deutschland soll nun aber definitiv Schluss sein.

Wichtig und sehenswert: Figos Erbe, **Christiano Ronaldo**, verdient sein Geld bei Manchester United und ist fast so schön wie das Original – aber nur fast.

Saudi-Arabien

Eine der größten Fußballnationen Asiens und seit 1994 regelmäßig WM-Teilnehmer. Dabei hatte das Königshaus die »Fußlümmelei« noch bis 1951 strikt verboten. Die Nationaltrainer haben allesamt nur eine kurze Halbwertzeit; der aktuelle und 15. ist der Brasilianer Marcos Paquetá.

Wichtig und sehenswert: Wüstensohn und Nationalheld **Sami Al Jaber.** Kehrte erst vor kurzem ins Team zurück, nachdem er drei Jahre lang geschmollt hatte. Ist mit 152 Einsätzen Rekordnationalspieler und mit 42 Toren Rekordschütze seines Landes.

Schweden

Immer wieder gern gesehene Gäste bei Weltmeisterschaften, allein schon wegen des Schlachtrufs der überaus friedlichen Fans: »Heja Sverige!«. Meistens ist für die Skandinavier im Viertelfinale Schluss – macht nichts, dann trinkt man eben noch einen und fährt wieder heim.

Wichtig und sehenswert: **Zlatan Ibrahimovic.** Sie haben sich nicht verlesen. Der Sohn jugoslawischer Einwanderer sieht zwar nicht so aus, ist aber ein echter Schwede, in Malmö geboren. Und natürlich Topstürmer **Henrik Larsson**, der sein Geld beim FC Barcelona verdient.

Schweiz

Nicht nur Berge, Käse und Skiurlaub spielen hier eine Rolle, die Eidgenossen können auch anständig Fußball spielen. Sie sind die Überraschungsmannschaft der Qualifikation, besiegten u. a. die Türkei. Ihr Trainer ist ein Einheimischer mit dem schönen Namen Köbi Kuhn. Die deutschen Stadien kennen die Schweizer recht gut, da einige Spieler ihr Geld in der Bundesliga verdienen: etwa Raphael Wicky (HSV) , Marco Streller und Ludivic Magnin (VfB Stuttgart) sowie Philipp Degen (Borussia Dortmund).

Wichtig und sehenswert: Der Unterarm von Stürmer **Valon Behrami.** Dort prangt ein Tattoo mit den Buchstaben »RVHV« – den Insignien seiner Familie.

Serbien-Montenegro

Ist zum ersten Mal dabei, und allein die Teilnahme ist für das kleine Land, das früher ein Teil Jugoslawiens war, ein Riesenerfolg. Die Nationalspieler gehen größtenteils in europäischen Clubs ihrer Arbeit nach, der Rest spielt bei Partizan Belgrad. Richtig: Da war Lothar Matthäus mal Trainer.

> **Wichtig und sehenswert:** **Mladen Kristajic**, der bei Schalke 04 spielt und damit alle WM-Stadien in- und auswendig kennt.

Spanien

Allesamt Schönspieler, allerdings mit Hühnerbrust. Ihnen fehlt es eben da an Muskelpaketen. Kaum eine Nation kann schneller und schöner kombinieren, doch vor dem Tor ist meistens Endstation. Fußball ist in Spanien eine Staatsangelegenheit unter königlicher Aufsicht: König Juan Carlos und Kronprinz Felipe stehen total auf Fußball. Nachdem sie sich nur mit Ach und Krach für die WM qualifiziert haben, rechnen die Spanier sich trotzdem zu den WM-Favoriten. Aber wie gesagt: Schön spielen reicht oft nicht.

> **Wichtig und sehenswert:** Kapitän **Raúl**, der »Engel« aus Madrid. Schießt eigentlich immer ein Tor. Zu erkennen an der Nummer 7 und seiner braunen Mähne.

Togo

Ein Menschenmeer in Gelb feierte die WM-Teilnahme, die Regierung erklärte den Tag einmalig zum nationalen Feiertag. Der Fußball begeistert nun mal die Menschen in dem kleinen Land an der afrikanischen Westküste. Dennoch krasser Außenseiter, darauf dürfen Sie sich festlegen. Geredet, gelobt und geflucht wird übrigens auf Französisch.

> **Wichtig und sehenswert:** Absoluter Superstar im Team ist **Emmanuel Adebayo** (AS Monaco). Er schoss die Kollegen fast im Alleingang zur WM.

Trinidad und Tobago

Noch ein WM-Neuling! Und der bringt im wahrsten Sinne des Wortes Farbe ins Spiel. Genießen Sie es, denn nur die »Zocker« träumen von einem Weiterkommen nach der Vorrunde. Immerhin: Der Trainer, Leo Beenhakker, ist ein alter Hase, und vielleicht sorgt der Holländer ja für die große Überraschung.

> **Wichtig und sehenswert:** Eigentlich alle, denn es wird garantiert bunt, laut und lustig. Sportlich vielleicht Stürmer **Dwight York**, einst Torschützenkönig von Manchester United.

Tschechien

Während der Qualifikation haben sich die Tschechen gleich mal ein neues T-Shirt drucken lassen: »Germany 250 Kilometer« stand darauf. So nah und doch so fern! Die Mannschaft ist relativ alt und hatte eine Menge verletzter Spieler in ihren Reihen. Ein Großteil hat die Qualifikation nur auf Krücken erlebt. Die WM-Teilnahme ist die erste seit der Unabhängigkeit.

> **Wichtig und sehenswert:** Stürmer **Tomas Rosicky.** Er spielt in Deutschland beim BvB. Sie dürfen ihn ungestraft »Schnitzel« nennen. Den Spitznamen hat er nämlich in Dortmund verpasst bekommen – wegen seiner schmalen Figur. Und Pavel Nedved – vielleicht. Der Star von Juventus Turin hatte bereits seinen Rücktritt verkündet, dann aber in der Relegation ausgeholfen. Die Tschechen hoffen noch, dass er dabei sein wird.

Tunesien

Obwohl fast immer ein sicherer »Punktelieferant« in der Vorrunde, sind die »Adler« als unbequemer Gegner verschrien. 1978 gewannen sie als erstes afrikanisches Team überhaupt ein WM-Spiel. Aber auch die Fans sind nicht ohne: Länderspiele mussten schon mal abgebrochen werden, weil tunesische Fans nach einem Tor das Spielfeld stürmten – zuletzt geschehen im November 2005 in Paris gegen Kongo.

Wichtig und sehenswert: der in Brasilien aufgewachsene Stürmerderwisch **Santos** und Abwehrstratege **José Clayton Ribeiro**, nur »Clayton« genannt.

Ukraine

Die One-Man-Show. Über die Ukraine müssen Sie nur wissen, ob **Andrej Schewtschenko** spielt, denn er ist der absolute Superstar! Ein Weltklassestürmer, der sein Geld in Italien beim AC Mailand verdient. »Sheva« könnte bei dieser WM alle Beckhams, Zidanes und Ballacks vergessen lassen, wenn er nicht ausgerechnet für die Nationalmannschaft der Ukraine spielen müsste. Der Torjäger wird übrigens von Boris Becker gemanagt, liebt schnelle Autos und Poolbillard und steht auf Julia Roberts.

Wichtig und sehenswert: siehe oben.

USA

War Fußball bis vor einiger Zeit noch Stiefkind der sportbegeisterten Amerikaner, erfreut sich »Soccer« (Achtung: niemals Football sagen, das ist die Sportart mit dem berühmten Ei!) zunehmender Beliebtheit. Die USA sind wohl das einzige Land, in dem die weibliche Fußball-Nationalelf berühmter ist als die männliche. Mit Kasey Keller (Gladbach), Claudio Reyna (ehemals Wolfsburg) und Steven Cherundolo (Hannover 96) sind erfahrene Bundesligaprofis im Team.

Wichtig und sehenswert: Der Star ist auch hier eindeutig die Mannschaft, Teamgeist wird groß geschrieben. Dennoch ist der kalifornische Sonnyboy **Landon Donovan** Liebling der US-Fans.

DIE WM-STADIEN

Jetzt sind wir fast am Ende und Sie hoffentlich bestens für dieses Mega-Event gerüstet. Sollten Sie eine der heiß begehrten WM-Karten ergattert haben oder von Ihrem Liebsten zu einem Stadionbesuch eingeladen werden: Herzlichen Glückwunsch!

Die zwölf Sportarenen (Berlin, Dortmund, Hamburg, Kaiserslautern, Gelsenkirchen, Stuttgart, München, Nürnberg, Köln, Leipzig, Hannover und Frankfurt) sind durchweg alle modernisiert und zu echten High-Tech-Spielplätzen umgebaut worden. Dabei hat nicht etwa jeder nach seinem Geschmack gebuddelt, nein, auch hier gibt der Internationale Fußballverband (FIFA) selbstverständlich strenge Regeln vor.

So muss zum Beispiel jedes Stadion über mindestens fünf Fahnenmasten verfügen und über Zuschauersitze, die eine Rückenlehne von wenigstens 30 Zentimeter Höhe haben.

Im Allerheiligsten der Spieler muss es nicht feudal sein, aber ein Waschbecken für die Füße, jeweils drei Pissoirs und Toiletten, fünf Waschbecken mit Spiegel, zwei Steckdosen für Rasierapparate, zehn Duschen und zwei Haartrockner müssen es schon sein.

Außerdem haben alle Stadien ihren hauseigenen Knast. Randalierer, Flitzer (die Jungs, die schon mal gerne splitterfasernackt übers Spielfeld rennen) und andere Störenfriede werden also gleich vor Ort eingebuchtet.

In punkto Frauenfreundlichkeit müssen wir Sie enttäuschen: Hier gibt es keine Extras! Aber immerhin hat sich die Zahl der Damentoiletten im Laufe der Jahre erhöht, sodass Sie keine Schwierigkeiten haben dürften, eine zu finden. Vorbildlich ist übrigens das Olympiastadion in Berlin: Dort gibt es sage und schreibe 212 Damen-WCs.

Besonders angenehm dürften die Örtlichkeiten jedoch in Leipzig sein. Da dort kein Bundesligist beheimatet ist, kommen zu den Spielen im Schnitt nur 2000 Zuschauer ins Zentralstadion. Vom Damenklo bis zum Stehimbiss ist quasi noch alles unbenutzt und sieht sehr schick aus.

Zuschauen und braun werden geht bei den meisten Stadien auf der Tribüne, in Hamburg sogar auf dem Rasen. Da die Norddeutschen auch im Sommer nicht immer von der Sonne verwöhnt werden, gönnen sie sich eine Solarheizung. Mit Hilfe eines Solariums werden Sonnenstrahlen auf den Rasen gezaubert, damit der das ganze Jahr Sommerfeeling hat.

In der Bierstadt Gelsenkirchen dagegen sitzen Sie nie auf dem Trockenen. In der Veltins-Arena wurden extra Leitungen für den Gerstensaft gelegt. Und falls Sie ausgerechnet während der Fußball-WM heiraten oder Ihr Kind taufen lassen wollen, dann ist hier der richtige Platz: In der Kapelle direkt neben den Spielerkabinen kann und soll man sich trauen.

Apropos Kinder: Hier hat München Maßstäbe gesetzt. Als einziges WM-Stadion bietet die Allianz-Arena eine Kindertagesstätte an, damit Mama und/oder Papa in Ruhe Fußball gucken können. Hier dürfen Sie auch ruhig mit dem Auto kommen, 9 800 Parkplätze stehen zur Verfügung – das ist in ganz Europa Spitze. Na ja, dazu noch zwei Fan-Restaurants und eines à la carte: »Mir san schließlich mir!«, wie man in Bayern zu sagen pflegt.

UND DANN NOCH: WIR WERDEN WELTMEISTER ...

... weil das Klinsmann-Team natürlich nicht schlechter dastehen darf als die Frauennationalmannschaft.

... weil die Politik mal wieder ein Wunder von B... braucht. Bundeskanzlerin Angela Merkel rechnet fest mit dem Wunder von Berlin, damit das deutsche Volk aus seiner Lethargie erwacht.

... weil wir uns dann nicht mehr wegen der Pisa-Studie grämen müssen.

… weil Heidi Klum uns schon in der Auslosung Glück gebracht hat und wir bei Turnieren sowieso immer Glück haben.

… weil der Bundestrainer erlaubt, dass die Spielerfrauen mit ins Hotel dürfen und so selbst für Entspannung sorgen können.

… weil Frauen immer und überall ein Wörtchen mitzureden haben. Wir erinnern an dieser Stelle besonders an Danny Cruyff, Ehefrau der holländischen Spielerlegende Johan Cruyff. 1974 war er mit seinen Oranjes unser Gegner im WM-Finale. Der Zufall und die böse Presse wollten es, dass die Zeitungen voll mit Schlagzeilen waren, wie holländische Nationalspieler einige Tage zuvor wild in einschlägigen Etablissements gefeiert hatten. Wir wissen nicht, ob auch Herr Cruyff mit von der Partie war. Aber er bekam in der Nacht vor dem Endspiel von seiner Frau gehörig den Marsch geblasen. Stunde um Stunde dauerte das Telefonat, und die Leitung zwischen Amsterdam und München glühte. Das Ergebnis: Holland verlor 1:2, und wir waren Weltmeister! So machen Frauen eben Fußballpolitik!

Danksagung

Unsere Männer Lorenz und Eckart sagen »Danke« – endlich gibt es wieder warmes Essen! Und wir danken Philip von Senden und Stefan Backs für ihre kollegiale Unterstützung.

Register